하나님의 능력을 입은 백성이 되라

권태진 지음

서빛

|여호수아 강해 설교집|
하나님의 능력을 입은 백성이 되라

펴낸날 | 2004. 10. 15.
지은이 | 권태진
편   집 | 군포제일교회 출판부
발행처 | 도서출판 성빛
ISBN | 89-87187-15-0 03230

등록번호 | 제 96-21호
경기도 군포시 금정동 870-10호
대표전화 031)397-6754
팩스 031)397-9241
홈페이지 www. gunpojeil.org

하나님의
능력을 입은
백성이 되라

목회는 생명의 현장…

한 그루의 나무가 자라는 데는 햇빛, 공기, 물, 땅 등 적정한 환경이 필요합니다. 인간의 두뇌가 아무리 발달하여도 생명을 만드는 것은 불가능하다고 합니다. 과학자들이 생명을 복제하고, 우주선으로 다른 은하를 다녀올 수 있다고 하지만 저 들녘의 한들거리는 파란 풀잎, 나무 한 그루는 만들 수 없습니다.

생명은 하나님의 권위 아래 있기 때문입니다. 또한 한 그루의 나무는 때가 되면 낙엽이나 열매를 땅으로 다시 돌려줍니다. 이 모든 것이 하나님이 세워놓으신 진리입니다.

목회도 생명의 현장입니다. 성도들에게 들려진 말씀을 다시 한번 되새겨 말씀의 은혜를 나누길 원합니다.

많은 분들이 설교를 평가하기를 어떤 설교는 들으면 은혜가 되는데 글로 표현하면 내용이 부실하다고 하고, 또 어떤 설교는 들을 때는 잠이 오는데 글로 읽으면 감동을 주는 설교도 있다고 합니다. 그러나 좋은 설교는 들을 때도 은혜가 되고 읽을 때도 감동이 있는 것이라고 생각합니다.

이 여호수아 강해설교집은 2003년 일년 동안 낮 예배 때 전한 것을 정리하여 엮었습니다. 여호수아 강해를 하면서 성도는 힘을 얻었고 교회는 성장했습니다.

하나님이 세운 모세와 출애굽하였던 이스라엘 백성들이 새 지도자 여호수아와 함께 가나안 땅을 정복하고, 분배하고, 누리는 모습을 통해 많은 은혜를 나누었습니다. 또한 지도자였던 여호수아의 아름다운 노년의 모습은 사람을 행복하게 하는 우리 교회와 성도들에게 역사성을 심어주었습니다. 낙엽이 나무의 뿌리를 덮어 거름이 되듯이 이 설교집이 성도들의 신앙 성장에 힘이 될 것입니다.

이 책이 출판되기까지 수고한 출판부와 말씀을 잘 전하도록 뒤에서 기도한 모든 성도들과 모든 목회 여정을 함께한 아내와 가족에게도 감사드리며, 특별히 창립 26주년 기념으로 이 강해설교집을 출판하게 됨을 하나님께 영광 돌립니다.

2004년 10월 15일
담임목사 권 태 진

좋은 해

내 마음을 진리에 둠이
물가에 심기운 나무여라

가뭄을 이길만 하니
물가에 심기운 까닭이라

새해 새날 밝아오면
빛 속의 아름다운 것
속속들이 드러나리라

지난 세월 눈물로 뿌린 씨앗
행복과 감사로 거두리라
세찬 바람 불어도 감사함은
모래 속 진주 보여짐이라

범사에 감사의 씨
진리 속에 피어나
님의 백성 모두의 가슴에
만발하리라
이 새해에.

영원토록 경외할 여호와

1부

1

하나님이 원하시는 성공의 조건들

> "오직 너는 마음을 강하게 하고 극히 담대히 하여 나의 종 모세가
> 네게 명한 율법을 다 지켜 행하고 좌로나 우로나 치우치지 말라
> 그리하면 어디로 가든지 형통하리니 이 율법책을 네 입에서 떠나지 말게 하며
> 주야로 그것을 묵상하여 그 가운데 기록한 대로 다 지켜 행하라
> 그리하면 네 길이 평탄하게 될 것이라 네가 형통하리라"(1:7-8)

하나님은 창조 후 지금까지 역사의 수레바퀴를 돌리고 계십니다. 한 세대는 보내고, 한 세대를 오게 하십니다. 때때로 우리는 많은 일을 우연으로 보지만, 모든 것은 하나님의 계획 속에 있습니다. 누군가 5분 뒤에 일어날 일을 미리 안다면 그 사람은 세계를 호령하는 지혜자가 될 것입니다. 그러나 하나님은 세계를 창조했을 뿐 아니라 몇 천 년 후의 일을 아

십니다. 인간의 기원뿐 아니라 사후의 세계까지 정확하게 아시는 분이십니다. 하나님은 아브라함을 부르셨습니다. "내가 너로 큰 민족을 이루고 네게 복을 주어 네 이름을 창대케 하리니 너는 복의 근원이 될찌라"(창 12:2) 그리고 믿음의 조상을 삼으시겠다고 말씀하셨습니다. 그 후 애굽에 내려가는 것도 예언하셨습니다. "여호와께서 아브람에게 이르시되 너는 정녕히 알라 네 자손이 이방에서 객이 되어 그들을 섬기겠고 그들은 사백 년 동안 네 자손을 괴롭게 하리니 그 섬기는 나라를 내가 징치할찌며 그 후에 네 자손이 큰 재물을 이끌고 나오리라"(창15:13-14)

이스라엘 백성이 애굽 생활을 청산하고 홍해를 하나님의 능력으로 건너갑니다. 광야 40년의 고통을 잘 견디고 가나안 복지, 축복의 땅을 바라보게 되었습니다. 하나님은 지금까지 모세를 들어 쓰셨습니다. 하나님의 종 모세는 아주 귀한 주의 종이요, 이스라엘 백성에게는 위대한 인물입니다. 모세는 온유한 사람이었습니다. "이 사람 모세는 온유함이 지면의 모든 사람보다 승하더라"(민12:3) 모세는 여호와의 형상을 볼 만큼 하나님으로부터 권위를 받았습니다. "그와는 내가 대면하여 명백히 말하고 은밀한 말로 아니하며 그는 또 여호와의 형상을 보겠거늘 너희가 어찌하여 내 종 모세 비방하기를 두려워 아니하느냐"(민12:8) 모세는 죽기 전에 이스라엘 백성을 위해 축복을 합니다. 생명이 얼마 남지 않았다고 생각될 때 후손을 위하고 성도를 위해 복을 빈다면 위대한 것입니다. 이삭이 야곱에게 복을 빌고, 야곱이 요셉의 자녀들에게 복을 빌었습니다. 이스라엘 백성들에게 하나님은 아름다운 나라를 세워 주셨습니다. 이 나라는 인간의 힘으로 세워진 나라가 아니라 하나님의 능력으로 세워진 나라입니다. 여호수아는 하나님의 종 모세의 죽음으로 지도자가 되었습니다. 한 세대가 가고 한 세대가 온 것입니다.

오늘날 우리도 정치 지도자가 바뀌어 질 때 기대와 우려를 하게 됩니다. 우리는 알지 못하지만 국정을 책임져야 될 사람은 많은 고민을 하게 될 것입니다. 인간적으로 생각하면 때로는 불안하고 낙심될 때가 있지만 하나님을 의지하면 개인과 교회와 나라를 온전히 통치할 수 있고, 하나님의 간섭을 믿을 때 마음이 평안 할 수 있습니다. 이제 모세의 통치가 끝나고 여호수아 통치시대로 접어들었습니다. 여호수아 앞에는 가나안의 강한 족속과 싸워야 되는 과제가 놓여 있습니다. 그러나 여호수아는 잔뜩 두려움에 질려 있습니다. 그 때 하나님은 여호수아에게 성공의 조건을 말씀하셨습니다.

1. 하나님은 사람을 붙들고 일하십니다.

하나님은 모세가 죽은 후 그의 시종 여호수아를 이스라엘의 지도자로 삼으셨습니다. "여호와의 종 모세가 죽은 후에 여호와께서 모세의 시종 눈의 아들 여호수아에게 일러 가라사대 내 종 모세가 죽었으니 이제 너는 이 모든 백성으로 더불어 일어나 이 요단을 건너 내가 그들 곧 이스라엘 자손에게 주는 땅으로 가라"(1:1-2) 하나님의 약속은 사람이 바뀌어도 유효합니다. 대통령이 바뀌어도 법이 바뀌지 않습니다. 그와 같이 이스라엘 백성의 지도자가 바뀌어도 하나님의 계획은 이루어집니다. 이스라엘 백성은 약속대로 가나안으로 들어가게 됩니다.

하나님이 쓰는 사람은 복이 있습니다. 사명이 있어 쓰임 받는 동안에는 항상 보호를 받기 때문입니다. 바울 사도가 멜리데라는 섬에서 독사에게 물려도 죽지 않았습니다. 바울은 로마에서 할 일이 있었기 때문입니다. 사랑하는 성도 여러분! 하나님이 쓰시려고 할 때는 "예"만 하십시오. 이 땅에서 가장 큰 일, 가장 귀한 일이 주의 일입니다. 바로 영혼을 구원하는 일이고, 사람을 행복하게 하는 것입니다.

2. 하나님은 자기 사람들이 성공하기를 원하십니다.

부모가 자녀에게 성공하기를 원할 때 주는 교훈이 있습니다. "정직하게 살아라. 신앙생활 잘 해라. 열심히 공부해라." 하나님은 택한 백성의 지도자 여호수아에게 이스라엘이 차지해야 될 땅을 말씀하셨습니다. "곧 광야와 이 레바논에서부터 큰 하수 유브라데에 이르는 헷 족속의 온 땅과 또 해 지는 편 대해까지 너희 지경이 되리라"(1:4) 유브라데는 서아시아에서 가장 큰 강입니다. 강의 길이가 총 2,850㎞입니다. 가나안 땅의 북쪽 경계를 이루고 있습니다. "그 날에 여호와께서 아브람으로 더불어 언약을 세워 가라사대 내가 이 땅을 애굽 강에서부터 그 큰 강 유브라데까지 네 자손에게 주노니"(창15:18)의 약속을 다시 확인해 주시는 것입니다.

이 큰 지경을 주시려고 하나님은 여호수아에게 두 가지 일을 하셨습니다. 첫째, 하나님이 함께 하심을 알게 하셨습니다. "너의 평생에 너를 능히 당할 자 없으리니 내가 모세와 함께 있던 것 같이 너와 함께 있을 것임이라 내가 너를 떠나지 아니하며 버리지 아니하리니 마음을 강하게 하라 담대히 하라 너는 이 백성으로 내가 그 조상에게 맹세하여 주리라 한 땅을 얻게 하리라"(1:5-6) 둘째, 하나님은 여호수아가 자신의 존재를 작게 보지 않도록 했습니다. "너의 평생에 너를 능히 당할 자 없으리니"라는 말은 매우 큰 위로입니다. 또 "모세와 함께 있던 것 같이 너와 함께 있을 것임이라"고 하셨습니다. 여호수아는 모세의 시종으로 모세를 통해 일어난 표적을 너무 잘 알고 있었습니다. 애굽의 10대 재앙과 홍해를 건너는 역사, 광야를 지내며 반석에서 샘물을 내는 것을 보았습니다. 하나님이 자신의 능력으로 80세 노인을 쓰시는 모습을 보았습니다. "여호수아, 너에게도 내가 함께 있어 대적자를 이기게 하리라" 하시는 것입니다.

여호수아에게 뿐 만 아니라 우리에게도 함께 하셔서 어떤 환경에도 지지 않고 승리하게 될 줄로 믿습니다. 올해는 모든 성도가 일군으로 성장되는 해입니다. 가정, 직장, 나라가 우리를 통해 아름답게 회복되는 해가 될 것입니다.

3. 형통하기 위하여 말씀을 지키라고 하셨습니다.

"십자가의 도가 멸망하는 자들에게는 미련한 것이요 구원을 얻는 우리에게는 하나님의 능력이라"(고전1:18) 성경말씀은 믿지 않는 사람에게는 매우 이기적인 것입니다. 그러나 말씀을 믿는 이들에게는 하나님의 능력입니다. 하나님을 믿는 사람, 지도자는 하나님이 자신과 함께 한다는 것을 믿어야 합니다. 이스라엘 백성을 가나안 복지로 인도하려면 마음을 강하게 하고 담대히 해야 합니다. "오직 너는 마음을 강하게 하고 극히 담대히 하여 나의 종 모세가 네게 명한 율법을 다 지켜 행하고 좌로나 우로나 치우치지 말라 그리하면 어디로 가든지 형통하리니"(1:7) 담대히 전도해서 사람들을 천국가게 해야 합니다.

또한 형통하기 위하여 율법책을 입에서 떠나지 말게 해야 합니다. 그 말씀을 주야로 묵상해야 합니다. "이 율법책을 네 입에서 떠나지 말게 하며 주야로 그것을 묵상하여 그 가운데 기록한 대로 다 지켜 행하라 그리하면 네 길이 평탄하게 될 것이라 네가 형통하리라"(1:8)

형통하기 위하여 십일조를 해야 합니다. "만군의 여호와가 이르노라 너희의 온전한 십일조를 창고에 들여 나의 집에 양식이 있게 하고 그것으로 나를 시험하여 내가 하늘 문을 열고 너희에게 복을 쌓을 곳이 없도록 붓지 아니하나 보라 만군의 여호와가 이르노라 내가 너희를 위하여 황충을 금하여 너희 토지소산을 멸하지 않게 하며 너희 밭에 포도나무의 과실로 기한 전에 떨어지지 않게 하리니 너희 땅이 아름다와지므로 열방이 너희를 복되다 하리라 만군의 여호와의 말이니라"(말3:10-12)

형통하기 위하여 기도해야 합니다. "항상 기뻐하라 쉬지 말고 기도하라 범사에 감사하라 이는 그리스도 예수 안에서 너희를 향하신 하나님의 뜻이니라"(살전5:16-18) 육체의 건강은 운동을 하고 음식을 조절해야 된다면 마음이 강하게 되는 것은 말씀과 기도가 있어야 합니다. 그것은 하나님의 영의 인도를 받아야 합니다. 성령 받지 못한 자는 환경에 지배를 받습니다. 그러나 성경말씀은 믿는 사람들에게 환경을 이기게 하였습니다. 그리고 성령의 인도함을 받게 했습니다.

"내가 네게 명한 것이 아니냐 마음을 강하게 하고 담대히 하라 두려워 말며 놀라지 말라 네가 어디로 가든지 네 하나님 여호와가 너와 함께 하느니라 하시니라"(1:9)

✻ ✻ ✻

혼돈되고 두려움이 많은 지금도 성령의 지배를 받으면 하나님의 큰 일을 할 수 있습니다. 이스라엘 백성을 가나안으로 인도하신 하나님과 함께 환경을 이기고 꼭 승리 할 것입니다. 올해를 형통의 해로 만드시길 주의 이름으로 축원합니다.

2 택한 백성의 각오

> "여호와께서 너희로 안식하게 하신 것 같이 너희 형제도 안식하게 되며
> 그들도 너희 하나님 여호와께서 주시는 땅을 얻게 되거든 너희는 너희 소유지
> 곧 여호와의 종 모세가 너희에게 준 요단 이편 해 돋는 편으로 돌아와서 그것을 차지할지니라
> 그들이 여호수아에게 대답하여 가로되 당신이 우리에게 명하신 것은 우리가 다 행할 것이요
> 당신이 우리를 보내시는 곳에는 우리가 가리이다"(1:15-16)

모세의 시대가 끝이 나고 여호수아가 이스라엘의 지도자가 되었습니다. 하나님은 그 시대마다 사람을 뽑아서 사용하셨습니다. 하나님은 택한 백성이 가나안에서 주인공으로 누림의 삶을 살기를 원하셨습니다. 그래서 하나님은 그들에게 비전을 주셨습니다. "곧 광야와 이 레바논에서부터 큰 하수 유브라데에 이르는 헷 족속의 온 땅과 또 해 지는 편 대해

까지 너희 지경이 되리라"(1:4) 그리고 하나님이 주시는 땅에 들어가 항상 율법을 지키는 생활을 하도록 하셨습니다. "이 율법책을 네 입에서 떠나지 말게 하며 주야로 그것을 묵상하여 그 가운데 기록한대로 다 지켜 행하라 그리하면 네 길이 평탄하게 될 것이라 네가 형통하리라"(1:8)

여호수아는 하나님으로부터 지도자로 인정을 받았습니다. 여호수아의 임무는 하나님이 주시는 온 땅을 온 백성과 함께 가서 차지하는 것입니다. 여호수아는 하나님께 들은 말씀을 백성에게 전하였습니다. "이에 여호수아가 백성의 유사들에게 명하여 가로되 진 중에 두루 다니며 백성에게 명하여 이르기를 양식을 예비하라 삼일 안에 너희가 이 요단을 건너 너희 하나님 여호와께서 너희에게 주사 얻게 하시는 땅을 얻기 위하여 들어갈 것임이니라 하라"(1:10-11) 여호수아는 열정적인 비전의 지도자였기에 하나님의 약속을 믿고 전했습니다. 하나님이 제시하신 방향으로 승리와 격려, 용기를 백성에게 주었습니다. 여호수아는 유사들을 활용했습니다. 200만 명이나 되는 이들이 모두 함께 움직여야 하기 때문에 매우 분주했습니다. 삼일 밖에 시간이 없습니다. 삼일 후면 가나안에 입성해야 합니다. 이처럼 하나님의 뜻은 계속 임하는 것이 아니라 때로는 시간을 짧게 주실 때도 있습니다.

신앙의 성공자는 때를 압니다. 기도할 때, 순종할 때, 준비할 때, 헌신할 때 등 하나님이 정해주시는 때를 놓치지 말아야 합니다. 여호수아는 "삼일 안에 가나안에 입성해야 한다"라는 확신에 차 있습니다. 하나님의 말씀에 붙잡힌 지도자가 있는 공동체는 힘이 있습니다. 희망이 보입니다. 지도자의 비전대로 이루어지는 복을 받습니다. 좋은 교회는 거룩한 비전이 있어야 합니다. 영혼구원의 열정이 있어야 합니다. 사람을 행복하게 할 계획이 있어야 합니다. 또한 좋은 환경을 만들려면 헌신하는 사람이 있어야 합니다. 여호수아에게는 좋은 협력자들이 있었습니다. 이스라엘 백성의 입장에서는 여호수아에게 협력하는 것이 하나님의 뜻을 이루는 것입니다. 그것이 함께 누리는 것입니다.

여호수아는 가나안 정복을 할 때 르우벤 지파와 갓 지파, 그리고 므나셋 반 지파에게 명령했습니다. "여호수아가 또 르우벤 지파와 갓 지파와 므낫세 반 지파에게 일러 가로되 여호와의 종 모세가 너희에게 명하여 이르기를 너희 하나님 여호와께서 너희에게 안식을 주시며 이 땅을 너희에게 주시리라 하였나니 너희는 그 말을 기억하라 너희 처자와 가축은 모세가 너희에게 준 요단 이편 땅에 머무르려니와 너희 용사들은 무장하고 너희의 형제보다 앞서 건너가서 그들을 돕고 여호와께서 너희로 안식하게 하신 것 같이 너희 형제도 안식하게 되며 그들도 너희 하나님 여호와께서 주시는 땅을 얻게 되거든 너희는 너희 소유지 곧 여호와의 종 모세가 너희에게 준 요단 이편 해 돋는 편으로 돌아와서 그것을 차지할지니라"(1:12-15) 가나안을 정복할 때 선봉장이 되라고 했습니다. 이 전쟁은 쉽지 않습니다. 선봉장으로 나갈 이들은 민수기 32장에 보면 요단강을 건너기 전에 모세로부터 거할 땅을 좋은 곳으로 먼저 얻었습니다. 모세가 이들에게 약속했습니다. "또 가로되 우리가 만일 당신에게 은혜를 입었으면 이 땅을 당신의 종들에게 산업으로 주시고 우리로 요단을 건너지 않게 하소서"(민32:5) 그때 모세는 이곳에 있다가 가나안에 들어갈 때 함께 협력하라고 했습니다. 모세의 말대로 여호수아가 요청할 때 그들은 약속을 지키기로 했습니다. 가나안과의 전쟁에 선봉부대가 될 사람들은 매우 안정된 이들이었습니다. 이들이 머문 땅은 석회암 지층이나 수목과 삼림이 무성했습니다. 넓은 초원이 있어서 가축을 기르기에 아주 좋은 땅이었습니다. 그러나 모세와 약속한 것을 여호수아 때 어김없이 지키는 모습이 매우 위대합니다. 이들은 안정된 기득권을 이용해서 여호수아에게 반항할 수 있었을 것입니다. 나라나 교회도 안정된 기득권층이 움직이지 않고 권위에 대적할 때가 있습니다. 그러나 이 세 지파는 어떻습니까? "그들이 여호수아에게 대답하여 가로되 당신이 우리에게 명하신 것은 우리가 다 행할 것이요 당신이 우리를 보내시는 곳에는 우리가 가리이다"(1:16) 자신들의 기득권을 포기하고 여호수아와 함께 하기로 작정했습니다.

1. 공동체를 위해 협력하는 모습은 매우 아름다운 것입니다.

우리 시대는 너무 개인적이며 이기적입니다. 많은 사람에게 유익이 있어도 자신에게 작은 손해만 있으면 불평하는 것이 우리의 현실입니다. 그러나 하나님 안에서 이루어지는 것은 모두 복으로 알아야 합니다. "우리가 알거니와 하나님을 사랑하는 자 곧 그 뜻대로 부르심을 입은 자들에게는 모든 것이 합력하여 선을 이루느니라"(롬8:28) 모든 지체가 함께 동역하고 협력하면 하나님께 영광이 되고 본인에게도 복이 됩니다.

모세 시대에 반란사건이 일어난 적이 있었습니다(민16장). 고라당의 반역사건입니다. 레위지파 고핫 자손 중 '고라'가 르우벤 자손인 다단, 아비람, 온과 함께 당을 짓고 250명의 족장을 끌어들인 다음에 모세와 아론의 통치권에 대항했습니다. 모두 하나님의 백성인데 왜 모세와 아론만 높임을 받느냐는 것이었습니다. 그리고는 일마다, 때마다 모세를 비난하기 시작했습니다. 모세와 아론이 감당할 수 없는 세력이었습니다. "만일 서로 물고 먹으면 피차 멸망할까 조심하라"(갈5:15) 나름대로 잘난 사람이었습니다. 그러나 하나님은 묵과하지 않았습니다. 하나님께서는 고라와 손잡은 반역자의 가족을 산채로 음부에 빠지게 했습니다. 그리고 그에 동조한 250인의 족장들은 분향단에서 나온 불이 삼키고 말았습니다. 이스라엘 백성은 오늘날 택한 백성의 모형입니다. 예수 중심으로 뭉쳐야 더 좋은 환경에서 누릴 수 있습니다. 여호수아와 이스라엘 백성같이 하나님 중심으로 하나가 될 때 건강한 나라가 되고 하나님이 주신 축복의 땅에서 함께 누릴 수 있습니다. 건강한 몸은 머리의 뜻대로 잘 움직여야 합니다. 움직이지 않으면 장애가 있는 것입니다. 또한 몸의 세포 중에 자신의 것만을 주장하고 다른 세포와 협력하지 않는 세포는 암입니다. '나만 옳다, 내 판단이 최고다' 라고 주장하는 것은 매우 위험합니다.

2. 승리하는 지도자 곁에는 훌륭한 믿음의 협력자들이 있습니다.

모세에게는 아론과 훌, 여호수아가 있었습니다. 여호수아에게는 갈렙이 있었습니다. 다윗에게는 생사를 같이 했던 400인의 동지가 있었습니다. 초대교회 위대한 지도자 바울이 가는 곳마다 훌륭한 협력자들이 있었습니다. 바울의 전도여행에서 바나바와 마가가 있었고 빌립보 교회를 세울 때는 자주장사 루디아가 있었습니다. 고린도에서 개척할 때는 브리스길라와 아굴라 부부가 있었습니다.

저의 25년 목회기간 동안에도 수없이 많은 동역자들이 있었습니다. 지금은 별로 활동하지 않는 것처럼 보이지만 10년 전에는 함께 교회를 열심히 돌아본 이들이었습니다. 복지관을 하는 것도 좋은 동역자들의 헌신적인 노력의 열매입니다. 여호수아가 가나안을 차지하러 들어갈 때 자신들의 기득권에 대한 욕심을 버리고 겸손한 마음으로 협력했던 것 같이 협력할 때 더욱 아름다워집니다. 그리고 가나안의 복을 함께 누리게 될 것입니다. 여러분은 동역자입니까? 방해꾼입니까? 내가 하고 싶은 것 못한다고 마음이 상하여 있습니까? 아니면 교회의 부흥을 위해 은사를 나누고 협력하고 낮아진 장소에 있습니까? 협력자는 마지막에 함께 누리게 될 것입니다.

3. 믿음으로, 여호수아의 말씀 중심으로 헌신해야 합니다.

가나안에 들어갈 백성들, 여호수아와 함께 누릴 백성의 마음가짐이 아름다웠습니다. 여호수아를 지지하고 충성을 맹세했습니다. 지도자에게 큰 힘을 실어주는 이가 있습니다. 교회에서뿐만 아니라 가정에서도 서로 간에 힘을 주는 사람이 있습니다.

어떻게 할 때 지도자가 힘을 얻습니까? 첫째, 지도자와 같은 마음을 갖는 것입니다. "우리가 모세를 청종하는 것 같이 당신을 청종하겠나이다" 모세의 권위는 절대적이었습니다. 이 말은 철저하게 순종하겠다는 뜻입니다. 여호수아에 대한 이스라엘 백성의 헌신의 고백입니다. 저도 목회할 때 "목사님, 제가 협력하겠습니다. 부족한 것 책임지겠습니다." 몸이 약할 때 "힘내세요., 좀 쉬면서 하세요"라고 보살펴 준 사람들에게 큰 위안을 받은 적이 있습니다.

둘째, 지도자의 영적 권위를 인정하는 것입니다. "당신의 하나님 여호와께서 당신과 함께 하시기를 원하나이다" 영적 지도자를 하나님 아래 있는 자로 인정하는 것입니다. 이 권위가 있을 때 질서가 있습니다. 가정에서도 부모, 남편, 아내 등의 권위가 유지될 때 아름다운 가정이 세워집니다. 다윗은 원수 갚을 기회가 있었으나 하나님이 사울 왕에게 기름 부었다는 것을 생각하고 원수 갚음을 하나님께 맡김으로 복을 받았습니다.

권위가 인정될 때 지도자는 힘을 얻고, 모두가 함께 보호받고 누리는 것입니다.

셋째, 항상 긍정적인 말을 하는 것입니다. "당신은 마음을 강하게 하시고 담대히 하소서" 죽음을 각오하고 따르겠다는 것입니다. 한 가정을 바로 세우는 데도 강해야 하는데 보이지 않는 하나님께 인도 받는 사람은 더욱 강해야 합니다. 이 말씀 속에는 "걱정하지 말고 하나님의 일을 하세요 우리가 추진하겠습니다"라는 뜻이 있습니다. 긍정적으로 말하는 사람은 건강한 사람입니다. 부정적 언어가 있는 공동체는 어둡고 병든 곳입니다. 얼마 전 어떤 분이 올해 성도들의 표정이 밝아지고 친절해졌다고 합니다. 제일 반가운 소리입니다.

"이스라엘이여 너는 행복자로다 여호와의 구원을 너같이 얻은 백성이 누구뇨 그는 너를 돕는 방패시요 너의 영광의 칼이시로다 네 대적이 네게 복종하리니 네가 그들의 높은 곳을 밟으리로다" (신33:29)

＊＊＊

믿음의 사람 여호수아가 말하는 땅은 하나님이 주신 땅입니다. 성경이 약속하신 세계는 무한합니다. 열정적인 비전의 지도자와 신실한 협력자가 있으며 철저히 헌신하는 백성이 있으면 그 공동체는 어떠한 난관도 헤치고 축복의 땅을 차지할 수 있습니다. 우리 교회는 모든 성도들이 말씀 중심으로 하나되어 이 세상에서 승리자가 될 것입니다. 복지사, 사업가, 교수, 선교사, 목회자 등 그 분야에서 하나님께 영광을 돌리시길 바랍니다. 여러분 앞에 놓인 문제는 예수님 앞세우고 나가면 물러갑니다. 올해는 형통의 해가 될 것입니다.

3 정탐군을 보호하는 라합

"그 사람들이 어두워 성문을 닫을 때쯤 되어 나갔으니
어디로 갔는지 알지 못하되 급히 따라가라
그리하면 그들에게 미치리라 하였으나 실상은 그가 이미 그들을 이끌고
지붕에 올라가서 그 지붕에 벌여놓은 삼대에 숨겼더라"(2:5-6)

사람이 살아가노라면 수없이 많은 일들이 있습니다. 하나님의 뜻대로 사는 사람도 문제를 경험하고 세속적인 방법으로 사는 사람도 환난을 경험합니다. 그러나 그것을 극복하는 방법과 결과는 하늘과 땅만큼의 차이가 있습니다. 모세가 이스라엘 백성을 인도하던 광야교회에서도 문제가 있었습니다. 모세 주위에 아론과 훌 그리고 여호수아가 있었습니다.

그러나 그의 권위에 대적하는 250명의 도전하는 이들도 있었습니다. 모세 주위의 협력자와 대적자는 모세를 협력하거나 대적하는 자라기보다는 하나님의 일을 협력하고 대적함으로 그 결과는 전능자에 의해 복과 실패가 결정되었습니다.

여러가지환난 속에서도 하나님의 손에 붙잡혀 살았던 모세가 세상을 떠났습니다. 그러나 하나님은 모세의 시종 여호수아를 이스라엘의 지도자로 불렀습니다. 그리고 그에게 강하고 담대하라, 어디로 가든지 함께 한다고 하셨습니다. 여호수아에게 명하여 이스라엘 백성을 가나안 땅으로 인도하라고 하셨습니다. 여호수아는 하나님의 명령을 성실히 수행하였고, 백성들도 여호수아와 하나가 되었습니다. "그들이 여호수아에게 대답하여 가로되 당신이 우리에게 명하신 것은 우리가 다 행할 것이요 당신이 우리를 보내시는 곳에는 우리가 가리이다 우리는 범사에 모세를 청종한 것같이 당신을 청종하려니와 오직 당신의 하나님 여호와께서 모세와 함께 계시던 것같이 당신과 함께 계시기를 원하나이다 누구든지 당신의 명령을 거역하며 무릇 당신의 시키시는 말씀을 청종치 아니하는 자 그는 죽임을 당하리니 오직 당신은 마음을 강하게 하시며 담대히 하소서"(1:16-18)

이스라엘 온 백성들은 하나님의 뜻으로 하나가 되었습니다. 소망이 하나 되었습니다. 목적지가 같아졌습니다. 싸움의 대상을 향해 하나로 뭉쳐졌습니다. 이스라엘 백성들은 지도자와 하나가 되어 움직일 각오가 되었습니다. 행복한 백성입니다. 예수님도 '용서하고 사랑하고 긍휼을 베풀어야지 피차 물고 먹으면 함께 망한다' 고 말씀하셨습니다. 백성이 하나 될 때 좋은 환경으로 옮겨갈 수 있습니다.

이스라엘 백성이 단합되었을 때 여호수아는 백성 중에 정탐군을 뽑아 여리고로 보냈습니다. 보내임을 받은 정탐군은 여리고에 있는 기생 라합의 집에 들어갔습니다. 200만 명이 강을 건너려는 것을 알고 잔뜩 긴장했던 이들이 정탐군이 기생 라합의 집에 들어온 것을 알았습니다. "혹이 여리고 왕에게 고하여 가로되 보소서 이 밤에 이스라엘 자손 몇 사람이 땅을 탐지하러 이리로 들어왔나이다 여리고 왕이 라합에게 기별하여 가로되 네게로 와서 네 집에 들어간 사람들을 끌어내라 그들은 이 온 땅을 탐지하러 왔느니라"(2:2-3) 라합은 정탐군을 지붕위의 삼대 밑에 숨겼습니다. 라합의 선행으로 정탐군이 보호받았습니다. "그 사람들이 어두워 성문을 닫을 때쯤 되어 나갔으니 어디로 갔는지 알지 못하되 급히 따라가라 그리하면 그들에게 미치리라 하였으나 실상은 그가 이미 그들을 이끌고 지붕에 올라가서 그 지붕에 벌여놓은 삼대에 숨겼더라 그 사람들은 요단 길로 나루턱까지 따라갔고 그 따르는 자들이 나가자 곧 성문을 닫았더라"(2:5-7)

이 사건이 우리에게 주는 교훈이 있습니다.

1. 하나님의 백성은 어디로 가든지 돕는 사람이 있습니다.

어떤 사람이 정탐군이 라합의 집에 들어가는 것을 보고 왕에게 고하였습니다. 왕은 라합에게 "네게로 와서 네 집에 들어간 사람들을 끌어내라"고 했습니다. 여호수아의 명령을 받고 정탐하려는 이들은 라합의 협조가 없었으면 살아남을 수 없었습니다. 하나님은 라합을 통하여 자기의 군사를 보호하셨습니다. 엘리야가 지쳐서 허기져 있을 때도 하나님은 까마귀를 통해 떡과 고기를 먹여주셨습니다. "까마귀들이 아침에도 떡과 고기를, 저녁에도 떡과 고기를 가져 왔고 저가 시내를 마셨더니"(왕상

17:6) 하나님의 손에 붙잡혀 살아온 이들의 간증은 항상 감사와 찬양입니다. "저희가 벌과 같이 나를 에워쌌으나 가시덤불의 불같이 소멸되었나니 내가 여호와의 이름으로 저희를 끊으리로다 네가 나를 밀쳐 넘어뜨리려 하였으나 여호와께서 나를 도우셨도다 여호와는 나의 능력과 찬송이시요 또 나의 구원이 되셨도다"(시118:12-14)

바울 사도 당시에도 바울이 복음 전하는 것을 막으려한 사람들이 있었습니다. 고린도에서 복음을 전할 때 대적하고 훼방하는 사람들이 있었습니다. "밤에 주께서 환상 가운데 바울에게 말씀하시되 두려워하지 말며 잠잠하지 말고 말하라 내가 너와 함께 있으매 아무 사람도 너를 대적하여 해롭게 할 자가 없을 것이니 이는 이 성중에 내 백성이 많음이라 하시더라"(행18:9-10) 하나님의 말씀에 순종하는 사람 다니엘은 사자굴에서, 그의 세 친구는 풀무 불에서 보호받았습니다. 여리고에 들어간 정탐군은 라합에 의해 보호받았습니다.

사랑하는 성도 여러분, 여호와를 요새 삼아 살면 하나님은 사람을 통해서, 그리고 초자연적인 방법으로 그의 백성을 보호하십니다.

2. 라합은 보호할 사람을 분별하는 여인입니다.

라합은 평범한 여인이 아닙니다. 기생입니다. 모든 사람들이 귀히 여기지 않는 여인입니다. 어떤 주석가들은 주막집 주인이라고 말합니다. 아무나 평안히 드나들 수 있는 집입니다. 세상에서 버림받은 모습으로 살아가고 있었지만 하나님은 정탐군을 이곳에 보냈습니다. 라합은 여리고에서 그 왕의 통치권 안에서 살았습니다. 그러나 그의 마음과 행동은 이스라엘 백성의 하나님을 믿고 여리고성의 멸망과 이스라엘의 승리를 내다보았습니다. 그는 여리고에서 얻는 기쁨을 반납하고 택한 백성의 반열에 섰습니다.

라합의 이러한 분별은 우리에게 큰 교훈을 줍니다. 비록 이 땅에서 살지만 영원히 승리하신 예수 그리스도를 믿는 우리가 어떤 선택을 해야 하는지 보여주고 있습니다. 우리나라에서도 간첩을 신고하면 포상금도 받고 명예도 얻습니다. 그러나 라합은 그 길을 택하지 않았습니다. 라합은 여호수아가 보낸 정탐군을 오히려 영접하였습니다. 보냄 받은 자를 영접하는 것은 보낸 사람을 영접하는 것입니다. 더 나아가서 하나님을 영접한 것입니다. "너희를 영접하는 자는 나를 영접하는 것이요 나를 영접하는 자는 나 보내신 이를 영접하는 것이니라"(마10:40) 라합에게는 자신의 집에 정탐군이 들어온 것이 복입니다. 또한 정탐군을 숨겨준 것이 복입니다. 하나님 백성의 생명을 보호하는 것이 자신의 생명을 보호받는다는 지혜를 가진 것입니다.

교회를 보호할 때 가정이 보호받습니다. 하나님의 말씀을 전하는 기관을 보호할 때 자신의 신앙을 보호받습니다. 남의 생명을 보호하는 것이 자신의 생명을 보호받는 길입니다. 라합은 여리고의 모든 사람들보다 지혜로왔습니다. 하나님은 천한 자를 들어서 귀한 자를 부끄럽게 합니다. 결국 라합은 예수님의 족보에 올랐습니다. "살몬은 라합에게서 보아스를 낳고 보아스는 룻에게서 오벳을 낳고 오벳은 이새를 낳고"(마1:5)

사랑하는 성도 여러분, 지금 자신의 모습을 보고 좌절하십니까? 하나님의 백성 되어 하나님께 예배드리는 것, 그 자체가 매우 큰 복이 있습니다. 우리는 무엇을 생각하고 있습니까? 오늘 있다가 내일 없어지는 안개와 같은 인생을 의지합니까? 몇 십 년도 가질 수 없고 머물 수 없는 이 땅의 부귀영화를 가지려고 노력합니까? 그것도 있어야 하지만 더욱더 필요한 것은 예수 그리스도를 믿고 구원받는 것입니다. 라합과 같은 지혜로운 선택이 있기를 바랍니다.

3. 라합은 믿음의 사람이었습니다.

"두 사람이 눕기 전에 라합이 지붕에 올라가서 그들에게 이르러 말하되 여호와께서 이 땅을 너희에게 주신 줄을 내가 아노라 우리가 너희를 심히 두려워하고 이 땅 백성이 다 너희 앞에 간담이 녹나니 이는 너희가 애굽에서 나올 때에 여호와께서 너희 앞에서 홍해 물을 마르게 하신 일과 너희가 요단 저편에 있는 아모리 사람의 두 왕 시혼과 옥에게 행한 일 곧 그들을 전멸시킨 일을 우리가 들었음이라 우리가 듣자 곧 마음이 녹았고 너희의 연고로 사람이 정신을 잃었나니 너희 하나님 여호와는 상천하지에 하나님이시니라" (2:8-11)

라합은 여리고가 이스라엘 백성의 손에 들어갈 것을 알았습니다. 라합은 애굽에서 나올 때에 하나님께서 홍해 물을 마르게 한 것을 마음에 두었습니다. 또 아모리 사람의 두 왕 시혼과 옥에게 행한 일 그들을 이기고 죽인 것을 마음에 두고 있었습니다. 사람은 마음에 무엇을 생각하느냐에 따라 삶이 달라집니다. 세속과 쾌락에 빠지면 장래를 생각지 못합니다. 더욱 믿음에 대하여는 관심이 없습니다. 부모가 자녀양육에 대한 관심을 가지는 것이 정상인 것처럼 택한 백성은 영혼구원에 대한 관심이 있어야 정상입니다.

라합의 믿음은 살아 있는 믿음입니다. 행함 있는 믿음입니다. "영혼 없는 몸이 죽은 것 같이 행함이 없는 믿음은 죽은 것이니라" (약2:26) 믿음은 사상보다 더 높은 삶을 요구합니다. 라합이 정탐군에게 "너희 하나님 여호와는 상천하지에 하나님이시니라"고 말합니다. 하나님은 믿음의 소리를 들으십니다. 하나님은 믿음 있는 자를 구원하십니다. 한편 하나님은 라합을 구원하시기 위해 정탐군을 보냈습니다. 정탐군이 여리고에 들어간 것은 믿음의 사람을 구원할 목적을 가졌다고도 봅니다. 하나님은 자기 사람을 찾으십니다.

✳ ✳ ✳

오늘 우리 교회가 이곳에 세워지고 믿음의 사람들의 사역이 행해질 때 많은 영혼들이 구원될 것입니다. 여리고성에서 제일 지혜로운 여인은 라합입니다. 인생을 행복하게 하고 장래에 가정을 구원할 능력은 물질, 명예, 권력이 아니라 예수 그리스도를 믿는 믿음입니다. 이 믿음으로 한 해를 아름답게 하시길 축원합니다.

4 균형 잡힌 라합의 신앙

여호수아 2:8-14

> "이는 너희가 애굽에서 나올 때에 여호와께서 너희 앞에서
> 홍해 물을 마르게 하신 일과 너희가 요단 저편에 있는 아모리 사람의
> 두 왕 시혼과 옥에게 행한 일 곧 그들을 전멸시킨 일을 우리가 들었음이라
> 우리가 듣자 곧 마음이 녹았고 너희의 연고로 사람이 정신을 잃었나니
> 너희 하나님 여호와는 상천 하지에 하나님이시니라"(2:10-11)

사람은 누구나 크고 작은 소원이 있습니다. 그 소원 중에 본능적 욕구와 문화적 욕구가 있습니다. 좋은 환경에서 살고, 좋은 사람들 만나 행복하게 사는 것이 우리 모두의 공통적인 소원입니다. 그러나 자신의 마음과는 달리 나쁜 환경에 거하게 될 때도 있습니다. 또 좋은 사람인 줄 알았는데 알고 보니 나쁜 사람을 만났다고 탄식하는 이들도 있습니다. 좋

은 환경과 좋은 사람을 어떻게 분별할 것인가는 성경 속에서 배워야 합니다. 길과 진리와 생명이 되신 예수님을 믿음으로 현재의 환경에서 더 좋은 믿음으로 갈 수가 있고 행복한 환경이 보장이 됩니다. 오직 좋은 환경을 만드시는 분, 좋은 사람을 만나게 하시는 분의 의도대로 살 때만 행복이 있습니다. 여러분과 저는 예수님을 믿음으로 현재의 환경에서 더 좋은 환경으로 갈 것입니다.

오늘은 구원받은 성도들이 라합을 통해 지혜를 배우는 시간이 될 것입니다. 본문 속에 나타난 라합이라는 여인은 좋은 환경에 거하지 않는 여인이었습니다. 라합은 여리고성에 사는 여인입니다. 그녀는 웃음을 파는 기생이었습니다. 많은 사람이 그녀를 보고 복 받았다고 하지 않았을 것입니다. 그럼에도 라합은 자기가 처해 있는 비천의 장소에서 축복을 만들어 냈습니다. 그녀는 "이스라엘 백성이 애굽에서 나왔다. 홍해를 하나님이 마르게 했다. 아모리 왕 시혼과 옥을 물리치고 이스라엘이 이겼다."라는 소리를 들었습니다. 그녀는 기생으로 살았지만 들려오는 하나님의 소리를 그대로 믿었습니다. 우리가 여리고성의 라합처럼 비천한 자리에 있다 할지라도 하나님의 소리를 영광의 소리요, 믿음의 소리로 그대로 믿게 되기를 주님의 이름으로 축원합니다.

1. 라합은 하나님이 이스라엘 백성과 함께 하심을 믿었습니다.

라합은 하나님이 가나안 땅을 빼앗아 이스라엘 백성에게 주실 것을 믿었습니다. 라합은 하나님의 계획을 알았습니다. 애굽에서 이스라엘 백성이 나올 때 홍해를 마르게 한 것을 믿었습니다. 그뿐 아니라 요단강을 건너가기 전에 "아모리 사람의 두 왕 시혼과 옥에게 행한 일"도 하나님이 하신 것으로 믿었습니다. "여호와는 상천하지에 하나님이라"고 고백했습니다.

하나님께서 함께 하는 백성은 매우 강합니다. "만군의 여호와가 이르노라 보라 극렬한 풀무불 같은 날이 이르리니 교만한 자와 악을 행하는 자는 다 초개 같을 것이라 그 이르는 날이 그들을 살라 그 뿌리와 가지를 남기지 아니할 것이로되 내 이름을 경외하는 너희에게는 의로운 해가 떠올라서 치료하는 광선을 발하리니 너희가 나가서 외양간에서 나온 송아지 같이 뛰리라 또 너희가 악인을 밟을 것이니 그들이 나의 정한 날에 너희 발바닥 밑에 재와 같으리라 만군의 여호와의 말이니라"(말4:1-3)

하나님 앞에서 인간의 능력은 아무 것도 아닙니다. 우리나라를 하나님이 붙잡으시면 아무도 해할 수가 없습니다. 앞으로 기독교가 수난을 당한다 하더라도 진리 안에 있는 성도들은 절대로 멸망하지 않습니다. 외국의 많은 나라들이 우리나라에 위기가 올 것으로 말하고 있으나 그리스도인이 회개하고 의인된 삶을 산다면 우리는 승리할 것입니다. 니느웨의 좌우를 분별치 못한 자 12만 명을 아끼신 하나님이 남북의 7천만을 아끼지 않으시겠습니까?

사랑하는 성도 여러분! 여리고성 같은 현실에서라도 하나님의 편에 서시길 바랍니다.

2. 하나님 편에 서는 것은 그의 백성 편에 서는 것입니다.

하나님은 사람을 통해 일하십니다. 라합이 이것을 깨달았습니다. 하나님께 은혜를 받으려면 주의 종, 그 보낸 사람과 관계가 잘 이루어져야 하는 것을 깨달았습니다. 하나님의 응답은 사람을 통해서 이루어집니다.

그것을 알기 때문에 라합은 정탐군에게 도움을 요청했습니다. "그러므로 청하노니 내가 너희를 선대하였은즉 너희도 내 아버지의 집을 선대하여 나의 부모와 남녀 형제와 무릇 그들에게 있는 모든 자를 살려주어 우리 생명을 죽는데서 건져내기로 이제 여호와로 맹세하고 내게 진실한 표를 내라"(2:12-13)

"내 아버지의 집을 선대하라, 내 아버지 집에 속해 있는 모든 자를 살려주어라, 내게 진실한 표를 내라"고 하였습니다. 라합은 정탐군 뒤에 있는 여호수아를 본 것입니다. 또한 그 뒤에서 역사 하시는 하나님을 본 것입니다. 여리고성 사람들에게는 죽일 사람이요, 잡아야 될 사람으로 정죄된 정탐군입니다. 그러나 라합에게는 구원자요 희망입니다. 그리고 자신과 그의 가정을 구원할 자입니다. 여리고성이 무너질 때 자신의 가정을 살릴 자요, 자신의 보호를 위해 진실한 표를 줄 수 있는 사람으로 믿었습니다.

사람들의 믿음과 가치관에 따라 예수님을 보는 눈도 차이가 있습니다. 마리아는 예수님을 300데나리온의 향유를 부을 만한 위대하신 분으로 보았습니다. 그러나 가룟유다는 은 30냥에 팔아도 될 가치 없는 사람으로 보았습니다. 지금도 믿지 않는 사람들 중에는 교회와 성도와 목회자를 과소평가하는 이들이 있습니다. 그러나 성도와 주의 종을 귀히 여기고 기도를 부탁하는 이들도 있습니다. 과거의 행한 대로 현재 보응을 받습니다. 그 결과는 자신에게로 돌아갑니다. 그러므로 남의 죄 간섭 말고, 신령한 눈을 떠서 주님께 속한 사람들이 얼마나 소중한가를 알아야 합니다. 형제간에 부모 · 자식 간에 화목하게 살아야 균형 잡힌 신앙생활을 할 수 있습니다.

3. 라합은 부탁할 기회를 잘 잡았습니다.

라합은 삼대에 숨긴 정탐군이 잠들기 전에 올라갔습니다. 그리고 여리고성을 차지할 때 보호해 줄 것을 요구했습니다. 구체적으로 요구를 했습니다. 그러자 정탐군은 여리고성에서 살아나가면 보호하겠다고 약속했습니다. 자신들이 살아나갈 수 있도록 라합이 협조하면 여리고성을 여호와께서 주실 때 인자하고 진실하게 대우하겠다고 약속했습니다. "두 사람이 그에게 이르되 네가 우리의 이 일을 누설치 아니하면 우리의 생명으로 너희를 대신이라도 할 것이요 여호와께서 우리에게 이 땅을 주실 때에는 인자하고 진실하게 너를 대우하리라"(2:14)

하나님의 보호와 복에는 때로 조건이 있습니다. "가로되 주 예수를 믿으라 그리하면 너와 네 집이 구원을 얻으리라"(행16:31) "네가 장차 받을 고난을 두려워 말라 볼찌어다 마귀가 장차 너희 가운데서 몇 사람을 옥에 던져 시험을 받게 하리니 너희가 십일 동안 환난을 받으리라 네가 죽도록 충성하라 그리하면 내가 생명의 면류관을 네게 주리라"(계2:10) "스스로 속이지 말라 하나님은 만홀히 여김을 받지 아니하시나니 사람이 무엇으로 심든지 그대로 거두리라"(갈6:7) "주여 인자함도 주께 속하였사오니 주께서 각 사람이 행한 대로 갚으심이니이다"(시62:12)

"만군의 여호와가 이르노라 너희의 온전한 십일조를 창고에 들여 나의 집에 양식이 있게 하고 그것으로 나를 시험하여 내가 하늘 문을 열고 너희에게 복을 쌓을 곳이 없도록 붓지 아니하나 보라 만군의 여호와가 이르노라 내가 너희를 위하여 황충을 금하여 너희 토지 소산을 멸하지 않게 하며 너희 밭에 포도나무의 과실로 기한 전에 떨어지지 않게 하리니 너희 땅이 아름다와지므로 열방이 너희를 복되다 하리라 만군의 여호와의 말이니라" (말3:10-12) 하나님 앞에서 물질 관계를 바르게 세우면 하나님이 물질로, 사랑으로 심으면 사랑으로 메아리를 하신다는 것입니다.

좋은 열매를 기대하려면 좋은 행위가 따라야 합니다. 하나님의 약속을 믿고 좋은 것으로 심게 되기를 주님의 이름으로 축원합니다.

✳ ✳ ✳

사랑하는 성도 여러분! 주님은 우리를 향하여 세상의 소금이요 빛이라고 하셨습니다. 우리는 빛을 비추어서 세상 사람들이 우리의 착한 행실을 보고 하나님께 영광을 돌리게 해야 합니다. 바르게 서가야 합니다. 예수 그리스도를 주로 모신 우리들은 하나님이 사랑하는 사람을 사랑해야 합니다. 가족도 사랑하고, 나라도 사랑하고, 남을 나보다 낫게 여기고, 섬기면서 살아야 합니다. 오늘 라합의 지혜를 배워서 하나님이 사람을 통하여 일을 하신다는 것을 분별하고, 날마다 진실하고 거룩하게 살기를 축원합니다.

5. 라합의 구원의 조건

> "그 두 사람이 돌이켜 산에서 내려와 강을 건너
> 눈의 아들 여호수아에게 나아와서 그 당한 모든 일을 고하고
> 또 여호수아에게 이르되
> 진실로 여호와께서 그 온 땅을 우리 손에 붙이셨으므로
> 그 땅의 모든 거민이 우리 앞에서 간담이 녹더이다"(2:23-24)

사람이 어디에 태어나느냐에 따라 행복과 불행의 주인공이 될 수 있습니다. 안정되고 힘 있는 나라에 태어났다면 전쟁의 위기감을 느끼지 않고 살 것입니다. 그러나 이스라엘이나 이라크 같은 분쟁지역에서 태어난 사람은 항상 위기 속에서 살게 됩니다. 우리도 분단된 국가에 살고 있으며 북한 핵 문제가 자주 CNN방송에 보도되고 있습니다. 그러나 장소

와 환경을 극복할 수 있는 권세가 믿는 이들에게 있습니다.

본문에 라합의 환경을 살펴봅니다. 라합은 멸망 받을 여리고성에 살고 있습니다. 라합은 이스라엘 백성을 승리케 하신 하나님을 보고 소망을 가졌습니다. 여리고성의 사람들은 마음이 녹아 물같이 되었습니다. "우리가 듣자 곧 마음이 녹았고 너희의 연고로 사람이 정신을 잃었나니 너희 하나님 여호와는 상천하지에 하나님이시니라"(2:11) 라합에게는 몇 가지 남다른 은혜가 있었습니다. 택한 백성의 승리를 믿는 믿음이 있었습니다. 또한 하나님의 백성을 존중히 여겼습니다. 라합은 고향의 법을 저버리고 하나님의 법을 따랐습니다.

"너는 너의 본토 친척 아비 집을 떠나 내가 네게 지시할 땅으로 가라"는 말씀을 듣고 순종함으로 아브라함은 믿음의 조상이 되었습니다. 또 그의 씨로 인하여 많은 사람이 복을 받았습니다. 우리도 아브라함으로 인하여 복을 받고 있습니다. 여리고성의 라합도 아브라함의 믿음의 후손이 되었습니다. 세상 나라는 혈통을 중요시하지만, 하나님의 나라는 예수 그리스도를 믿는 믿음을 중요시합니다. 같은 믿음이 있으면 형제입니다. 라합은 자신이 받은 은혜를 구원 받은 생활로 만들었습니다. 그녀는 살아있는 믿음을 가졌습니다.

라합의 가슴에 자리 잡은 믿음은 하나님의 선물입니다. 그 믿음을 생활에 옮겼습니다. 그녀의 가정에 정탐군이 들어온 것은 믿음을 키울 때요, 구원의 기회입니다. 그러나 기회만 온 것이 아니라 위기도 왔습니다. 정탐군만 찾아온 것이 아니라 정탐군을 잡으러 군병들도 찾아왔습니다. 기회와 위기는 항상 동시에 찾아옵니다. 이 때 어디에 서느냐에 따라 미래가 결정됩니다. 하나님 중심의 기준을 가지면 성공합니다. 우리 민족이 처한 전쟁의 위기는 통일의 기회가 될 수 있습니다. 육체의 질병은 신양성장의 기회입니다.

정탐군이 무사히 여호수아에게 돌아왔습니다. "그 두 사람이 돌이켜 산에서 내려와 강을 건너 눈의 아들 여호수아에게 나아와서 그 당한 모든 일을 고하고"(2:23) 여기서 말하는 모든 일 속에는 라합과의 관계, 여리고성을 점령할 때 라합의 가정을 구원해 주기로 한 것도 들어있습니다. 정탐군은 자신의 분수와 위치를 알고 있는 사람입니다. 저도 심방을 한 후 '하나님! 이 문제를 해결해 주세요' 라고 하나님께 기도하며 맡깁니다. 그러면 하나님께서 해결해 주시고 그 가정에 대답할 지혜를 주시는 것을 체험하였습니다. 정탐군이 다녀와서 보고가 없었다면 그들은 라합과의 약속을 지키지 못했을 것입니다. 이스라엘은 라합에게 죄를 짓고 말 것입니다.

정탐군은 "또 여호수아에게 이르되 진실로 여호와께서 그 온 땅을 우리 손에 붙이셨으므로 그 땅의 모든 거민이 우리 앞에서 간담이 녹더이다"(2:24) 라고 자신의 보호와 인도, 여리고성의 사정을 보고하면서 여호와의 인도를 고백을 했습니다. 우리는 예수님 앞에서 항상 보고하고 순종하면서 구원받은 백성으로 살아갑시다. 올해는 성령으로 새롭게 능력을 더 받을 것입니다.

1. 라합은 정탐군의 생명을 자기 생명처럼 여겼습니다.

"라합이 그들을 창에서 줄로 달아 내리우니 그 집이 성벽 위에 있으므로 그가 성벽 위에 거하였음이라 라합이 그들에게 이르되 두렵건대 따르는 사람들이 너희를 만날까 하노니 너희는 산으로 가서 거기 사흘을 숨었다가 따르는 자들이 돌아간 후에 너희 길을 갈지니라"(2:15-16) 라합은 정탐군을 성벽 위에서 탈출시켰습니다. 위험에서 벗어나게 했습니다. 환경을 통해 보호했습니다. 자신이 아는 지혜를 통해 보호했습니다. 라합은 생명을 걸고 정탐군을 탈출시켰습니다. "라합이 그들에게 이르되 두렵건대 따르는 사람들이 너희를 만날까 하노니 너희는 산으로 가서 거기 사흘을 숨었다가 따르는 자들이 돌아간 후에 너희 길을 갈지니라"(2:16)

신약시대에도 바울 사도를 탈출시키는 사건이 있습니다. "여러 날이 지나매 유대인들이 사울 죽이기를 공모하더니 그 계교가 사울에게 알려지니라 저희가 그를 죽이려고 밤낮으로 성문까지 지키거늘 그의 제자들이 밤에 광주리에 사울을 담아 성에서 달아내리니라"(행9:23-25) 세상의 권세가 어둠이므로 진리대로 살아가는 것이 쉽지가 않습니다. 그러나 진리대로 살면 하나님은 도움의 손길을 주시고 도우는 자와 함께 누리게 하십니다.

라합이 정탐군을 자신의 생명처럼 보호한 것이 결국 자신의 생명을 보호하는 사건이 되었습니다. "믿음으로 기생 라합은 정탐군을 평안히 영접하였으므로 순종치 아니한 자와 함께 멸망치 아니하였도다"(히11:31) 하나님이 아기는 사람을 아기면 귀히 여김을 받습니다. 여호수아에게 속한 사람을 보호하면 여호수아가 승리할 때 보호를 받습니다. 히브리서 11장에 보면 "믿음으로 아브라함은" "믿음으로 이삭은"으로, 믿음의 선진들을 소개하면서 라합의 믿음을 소개하고 있습니다. 하나님은 여호수아와 같은 시대에 살았던 라합의 믿음을 크게 보셨습니다. 라합의 믿음은 가족구원까지 이루게 되었습니다.

예수님께서 "너희를 영접하는 자는 나를 영접하는 것이요 나를 영접하는 자는 나 보내신 이를 영접하는 것이니라"(마10:40)고 말씀하셨습니다. 이 땅에서 보호해야 할 사람이 누구인가를 분별하시길 바랍니다.

2. 정탐군이 라합에게 구원의 조건으로 부탁한 것이 있습니다.

"우리가 이 땅에 들어올 때에 우리를 달아 내리운 창에 이 붉은 줄을 매고 네 부모와 형제와 네 아비의 가족을 다 네 집에 모으라"(2:18) 정탐군은 라합에게 자기들을 달아 내리운 창에 붉은 줄을 매라고 했습니다. 부모와 형제와 가족을 다 집에 모으라고 했습니다. 이것은 라합의 요구에 대한 정탐군의 응답입니다. 그녀의 요구는 "그러므로 청하노니 내가 너희를 선대하였은즉 너희도 내 아버지의 집을 선대하여 나의 부모와 남녀 형제와 무릇 그들에게 있는 모든 자를 살려주어 우리 생명을 죽는데서 건져내기로 이제 여호와로 맹세하고 내게 진실한 표를 내라"(2:12-13) 라합의 요구가 정탐군에 의해 다시 약속으로 돌아왔습니다.

축복에는 조건이 있습니다. "네가 네 하나님 여호와의 명령을 지켜 그 길로 행하면 여호와께서 네게 맹세하신 대로 너를 세워 자기의 성민이 되게 하시리니"(신28:9) "스스로 속이지 말라 하나님은 만홀히 여김을 받지 아니하시나니 사람이 무엇으로 심든지 그대로 거두리라"(갈6:7) "네가 장차 받을 고난을 두려워 말라 볼찌어다 마귀가 장차 너희 가운데서 몇 사람을 옥에 던져 시험을 받게 하리니 너희가 십 일 동안 환난을 받으리라 네가 죽도록 충성하라 그리하면 내가 생명의 면류관을 네게 주리라"(계2:10) 작은 것에 충성한 자는 큰 것에도 충성을 합니다. 이스라엘 백성이 애굽에서 장자가 보호 받을 때도 조건이 있었습니다. 양의 피를 문설주에 바른 가정은 장자가 보호를 받았습니다. 하나님은 그 시대마다 복의 조건을 제시합니다.

사랑하는 성도여러분!

부귀와 장수를 가진 하나님께 속하시기를 기원합니다. 사람이 살아가

다보면 때때로 생각과 삶에 큰 변화가 있습니다. 연세 드신 분들을 보면서 서로가 보살펴 드려야할 때 그 역할을 못하면 참으로 마음이 아픕니다. 구원도 사랑도 건강관리도 있을 때 잘 지키는 것이 지혜입니다. 하나님은 우리 모두가 행복하기를 원하십니다. 그러기에 우리에게 무엇을 행하라고 하십니다. 주의 말씀에 순종하면 내일이 아름다워집니다. "사무엘이 가로되 여호와께서 번제와 다른 제사를 그 목소리 순종하는 것을 좋아하심 같이 좋아하시겠나이까 순종이 제사보다 낫고 듣는 것이 수양의 기름보다 나으니"(삼상15:22) 성도의 최고의 능력은 순종입니다. 하나님의 말씀에 순종하면 하나님의 지혜로 사는 것입니다.

3. 정탐군은 여호수아에게 보고하고 하나님을 높였습니다.

"그들이 가서 산에 이르러 따르는 자가 돌아가도록 사흘을 거기 유하매 따르는 자가 그들을 길에서 두루 찾다가 만나지 못하니라 그 두 사람이 돌이켜 산에서 내려와 강을 건너 눈의 아들 여호수아에게 나아와서 그 당한 모든 일을 고하고 또 여호수아에게 이르되 진실로 여호와께서 그 온 땅을 우리 손에 붙이셨으므로 그 땅의 모든 거민이 우리 앞에서 간담이 녹더이다"(2:22-24)

정탐군은 라합의 집에서 붉은 줄을 타고 도망하여 삼일 동안 산에서 머물렀습니다. 그것은 라합이 일러 준 지혜를 받아들인 것입니다. 하나님은 때로는 자신만 못하다고 생각되는 사람을 통해 교훈하십니다. 믿음 있는 사람들의 말을 진지하게 듣는 지혜를 가져야합니다. 그 대상은 다양합니다. 자녀나 아내나 남편이나 친구나 자기 원수라 할찌라도 생명을 사랑하고 믿음으로 말하는 것은 참고할 가치가 있습니다. 여리고성의 기생이었던 라합의 말을 참고하여 행동한 정탐군들처럼 말입니다.

어떤 성도가 있었습니다. 그를 위해서 많이 기도했습니다. 그는 좋은 사람들을 많이 만났습니다. 물질도 명예도 가졌습니다. 그 후 그는 환경만 보고 보이지 않게 역사하시는 하나님을 보지 못했습니다. 그의 입에서는 하나님께 영광을 돌리는 것보다 사람들의 이름이 나왔습니다. 그 후 그를 위해 기도하는 것이 중단되었습니다. 이유는 간단합니다. 영광이 사람에게 돌아가기 때문입니다. 오늘날 이와 같은 이들이 많이 있습니다. 그러나 정탐군은 "여호와께서 그 온 땅을 우리 손에 붙이셨으므로"했습니다. 정탐군의 보호로 인해서 라합의 가정은 여호수아에 의해 보호를 받았습니다. "여호수아가 기생 라합과 그 아비의 가족과 그에게 속한 모든 것을 살렸으므로 그가 오늘날까지 이스라엘 중에 거하였으니 이는 여호수아가 여리고를 탐지하려고 보낸 사자를 숨겼음이었더라"(6:25)

＊＊＊

이 땅에 주님의 사랑으로 파송된 우리들은 나라와 민족을 위해 기도해야 합니다. 그리고 두려워하지 맙시다. 소돔과 고모라의 유황불 심판 속에서도 롯이 구원 받았습니다. 바람과 풍랑 속에서도 베드로를 보호하시는 주님을 바라보며 승리하시길 바랍니다.

6 요단강을 건널 사람들의 준비

> "여호수아가 또 백성에게 이르되 너희는 스스로 성결케 하라
> 여호와께서 내일 너희 가운데 기사를 행하시리라
> 여호수아가 또 제사장들에게 일러 가로되
> 언약궤를 메고 백성 앞서 건너라 하매
> 곧 언약궤를 메고 백성 앞서 나아가니라"(3:5-6)

지난주에는 라합과 정탐군에 대하여 말씀을 들었습니다. 이들은 생각이 있는 사람들입니다. 라합은 과거 현재 미래를 생각하고 현실을 지혜로 극복하여 미래를 믿음으로 열어가는 자입니다. 라합은 자신뿐 아니라 온 가족이 여리고성이 무너질 때 보호받는 길을 열어 놓은 자입니다. 또 정탐군은 여리고가 무너질 때를 대비하는 자입니다. 누구나 라합

의 집을 알아볼 수 있도록 준비시켰습니다. 그리고 자신들의 실력으로 라합이 보호받는 것이 아니라 여호수아의 실력으로 보호받는 것을 알았습니다. 다른 사람이 여리고성을 치더라도 라합의 선행을 알 수 있도록 환경을 만들어 놓았습니다. 그리고 그는 여호수아에게 이 모든 것을 보고하여 자신의 정탐사역과 라합을 보호하는 것이 이스라엘을 위한 것임을 알도록 했습니다.

우리는 마음을 지키고 살아야 합니다. "무릇 지킬만한 것보다 더욱 네 마음을 지키라 생명의 근원이 이에서 남이니라"(잠4:23) 하나님이 주신 선한 마음, 사랑하는 마음을 가져야 행복하게 살 수 있습니다. 우리는 바른 가치관을 가져야 합니다. 그것은 천하보다 귀한 것이 생명이라는 진리입니다. "사람이 만일 온 천하를 얻고도 자기를 잃든지 빼앗기든지 하면 무엇이 유익하리요"(눅9:25) 생명의 소중함을 기억해야 합니다. 하나님은 우리를 사랑하시고 모든 것을 합력하여 선을 이루도록 하십니다. "우리가 알거니와 하나님을 사랑하는 자 곧 그 뜻대로 부르심을 입은 자들에게는 모든 것이 합력하여 선을 이루느니라."(롬8:28) 하나님을 믿음으로 여러가지현실을 긍정적으로 보는 눈이 열려집니다. 하나님은 이유 없이 큰 재앙을 부르지 않습니다. 그 환난을 볼 때마다 우리의 회개할 제목을 찾아야 합니다.

본문에는 요단강이 갈라지는 기적의 현장으로 가는 이스라엘 백성을 봅니다. 여호수아는 하나님의 명령을 받들어 순종했습니다. 그들은 싯딤에서 떠나 요단강가에서 유숙했습니다. 삼일 후에 유사들이 진 중으로 두루 다니며 말했습니다. "너희는 레위 사람 제사장들이 너희 하나님 여호와의 언약궤 메는 것을 보거든 너희 있는 곳을 떠나 그 뒤를 좇으라"(3:3) 언약궤를 멘 사람과는 거리를 두라고 했습니다. 이천규빗쯤 두라고 했습니다. 약 900미터의 거리입니다. '가까이 하지 말라. 그리하면 너희 행할 것을 알리라' 고 했습니다.

또한 여호수아는 이스라엘 백성에게 "너희는 스스로 성결케 하라 여호와께서 내일 너희 가운데 기사를 행하시리라" 했습니다. 하나님의 명령을 받은 여호수아는 백성들에게 명하였고, 백성들은 순종했습니다. "여호수아가 또 제사장들에게 일러 가로되 언약궤를 메고 백성 앞서 건너라 하매 곧 언약궤를 메고 백성 앞서 나아가니라"(3:6) 하나님은 여호수아에게 나타나셔서 "너와 함께 있으리라"고 힘을 실어 주셨습니다. 언약궤를 멘 제사장들은 요단에 들어서라고 명했습니다. 그리고 하나님의 계획을 백성에게 알게 했습니다. "또 말하되 사시는 하나님이 너희 가운데 계시사 가나안 족속과 헷 족속과 히위 족속과 브리스 족속과 기르가스 족속과 아모리 족속과 여부스 족속을 너희 앞에서 정녕히 쫓아내실 줄을 이 일로 너희가 알리라"(3:10)

본문이 이 시대를 사는 우리에게 주는 교훈이 있습니다. 하나님은 준비된 민족 앞에 기적을 행하십니다. 하나님은 그릇이 되는 사람을 사용하십니다. 다시 말하면 하나님은 자신이 일하실 때 순종을 통해 누리게 하십니다. 요단강을 건너는 이들에게 행해야 될 일을 알게 했습니다.

1. 제사장과 백성들 사이에 거리를 두라고 했습니다.

우리의 영원한 제사장은 예수 그리스도입니다. 절대의 영역에 침입하지 말아야 합니다. "우리가 이 소망이 있는 것은 영혼의 닻 같아서 튼튼하고 견고하여 휘장 안에 들어가나니 그리로 앞서가신 예수께서 멜기세덱의 반차를 좇아 영원히 대제사장이 되어 우리를 위하여 들어가셨느니라."

(히6:19~20) "여호와는 맹세하고 변치 아니하시리라 이르시기를 너는 멜기세덱의 반차를 좇아 영원한 제사장이라 하셨도다."(시110:4) "너희도 산돌같이 신령한 집으로 세워지고 예수 그리스도로 말미암아 하나님이 기쁘게 받으실 신령한 제사를 드릴 거룩한 제사장이 될찌니라"(벧전2:5) "오직 너희는 택하신 족속이요 왕 같은 제사장들이요 거룩한 나라요 그의 소유된 백성이니 이는 너희를 어두운데서 불러내어 그의 기이한 빛에 들어가게 하신 자의 아름다운 덕을 선전하게 하려 하심이라"(벧전2:9)

하나님은 언약궤를 앞세웠습니다. 하나님이 인도하는 것을 보여주는 사건입니다. 오늘날도 주의 일에는 하나님의 말씀이 앞서야 합니다. 그리고 백성은 따라가야 합니다. 세상의 잘못된 원리들이 분별없이 적용되면 하나님의 진노를 사게 됩니다. 하나님 앞에서 우리의 위치를 잘 알아야 합니다. 영원한 대제사장 되신 예수님만 따르는 것입니다. 예수님은 자기 백성의 양육 사역을 제자들에게 맡겼습니다. 그리고 오늘날에는 목회자에게 맡겼습니다. 그러므로 성도들은 목회자와 신분은 같지만 사역이 다르므로 동등하게 생각지 말고 순종해야합니다. 하나님은 질서를 원하고 있습니다. 가정도 사회도 질서가 있어야 큰 일을 할 수 있습니다.

2. 언약궤를 따르는 자는 성결케 해야 합니다.

"여호수아가 또 백성에게 이르되 너희는 스스로 성결케 하라 여호와께서 내일 너희 가운데 기사를 행하시리라"(수3:5) 하나님은 지극히 거룩한 분입니다. "오직 너희를 부르신 거룩한 자처럼 너희도 모든 행실에 거룩한 자가 되라 기록하였으되 내가 거룩하니 너희도 거룩할찌어다 하셨느니라"(벧전1:15-16) 그러므로 거룩해야 하나님과 대면할 수 있습니다. 죄인된 이들은 회개해야 함을 말씀하십니다. "이 때부터 예수께서 비로소 전파하여 가라사대 회개하라 천국이 가까왔느니라 하시더라"(마 4:17) 회개해야 하나님 앞에 설 수 있습니다.

"사랑하는 자들아 우리가 지금은 하나님의 자녀라 장래에 어떻게 될 것은 아직 나타나지 아니하였으나 그가 나타내심이 되면 우리가 그와 같을 줄을 아는 것은 그의 계신 그대로 볼 것을 인함이니 주를 향하여 이 소망을 가진 자마다 그의 깨끗하심과 같이 자기를 깨끗하게 하느니라"(요일3:2-3) 하나님의 사랑을 받고 전능자의 능력을 원하는 자는 성결케 해야 합니다. 사도행전에는 말씀을 듣고 번민하는 이들을 위해 베드로는 문제해결 방법을 제시했습니다. "저희가 이 말을 듣고 마음에 찔려 베드로와 다른 사도들에게 물어 가로되 형제들아 우리가 어찌할꼬 하거늘 베드로가 가로되 너희가 회개하여 각각 예수 그리스도의 이름으로 세례를 받고 죄 사함을 얻으라 그리하면 성령을 선물로 받으리니"(행2:37-38) 하나님의 복을 기다리는 자는 성결한 생활에 힘을 씁니다.

사랑하는 성도 여러분, 행복을 원하십니까? 하나님이 건강과 물질의 복을 주시기를 원하십니까? 회개하여 성결케 되기를 바랍니다. "그러므로 너희가 회개하고 돌이켜 너희 죄 없이 함을 받으라 이같이 하면 유쾌하게 되는 날이 주 앞으로부터 이를 것이요"(행3:19) 영국이 위기를 만났을 때 회개운동이 일어났습니다. 우리나라도 교회에 회개운동이 일어나야 합니다. 우리 교회에서 행해지는 24시간 기도회는 먼 훗날에 큰 역사가 될 것입니다.

3. 하나님의 큰 능력이 나타날 때 강력한 지도자를 세우십니다.

"여호와께서 여호수아에게 이르시되 내가 오늘부터 시작하여 너를 온 이스라엘의 목전에서 크게 하여 내가 모세와 함께 있던 것같이 너와 함께 있는 것을 그들로 알게 하리라"(3:7) 하나님은 여호수아에게 강력한 리더자가 되기를 원하셨습니다. "너의 평생에 너를 능히 당할 자 없으리니 내가 모세와 함께 있던 것 같이 너와 함께 있을 것임이라 내가 너를 떠나지 아니하며 버리지 아니하리니 마음을 강하게 하라 담대히 하라 너는 이 백성으로 내가 그 조상에게 맹세하여 주리라 한 땅을 얻게 하리라"(1:5-6) 백성에게 하나님같은 존재로 만들어 주셨습니다. 그렇게 보호하신 하나님이 요단강에 있는 여호수아에게 나타나서서 말씀하셨습니다. "너와 함께 있는 것을 그들로 알게 하라" 모세의 권위만큼 높여주신다는 말씀입니다.

하나님에게 붙잡힌 사람은 함께 있어보면 알게 됩니다. 장래를 미리 보고 인간이 상상할 수 없는 것을 해냅니다. 그것은 하나님의 역사입니다. 하나님은 이 시대에 강력한 영적 지도자를 원하십니다. 말씀을 전할 지도자를 원하십니다. 하나님은 여호수아에게 여러가지권위를 주셨습니다. 제사장들과 백성을 순종시키는 권위를 주셨습니다. 대적과 해야 될 일을 말할 수 있는 권위를 주셨습니다. 백성을 하나로 만들 수 있는 권위를 주셨습니다.

하나님은 그 시대마다 강력한 지도자를 보냈습니다. 나라의 장래는 강력한 지도자에 의해 승리가 결정되었습니다. 모세 때 출애굽할 수 있었습니다. 여호수아 때 가나안을 정복했습니다. 다윗 때에 나라가 부강

했습니다. 교회나 가정 그리고 사회도 강력한 지도자가 있을 때 발전합니다.

＊＊＊

우리 성도들이 사탄의 공격을 이기고 하나님의 약속된 복을 받으려면 하나님의 말씀, 지식 통일이 되어야 합니다. 싸워야할 대상이 같아야 합니다. 하나님이 세운 지도자에게 순종해야 합니다. 그리고 구성원이 하나 될 때 하나님의 기적을 체험할 것입니다. 이들 앞에는 넘쳐흐르던 요단강이 갈라집니다. 말씀을 앞세우고 자신을 성결케 하며 바른 지도를 받아 날마다 승리하시길 주님의 이름으로 축원합니다.

7 절기와 표징을 세우신 목적

"이것이 너희 중에 표징이 되리라 후일에 너희 자손이 물어 가로되
이 돌들은 무슨 뜻이뇨 하거든 그들에게 이르기를 요단 물이
여호와의 언약궤 앞에서 끊어졌었나니 곧 언약궤가 요단을 건널 때에
요단 물이 끊어졌으므로 이 돌들이 이스라엘 자손에게
영영한 기념이 되리라 하라"(4:6-7)

오늘은 3월 첫 주일입니다. 3월 첫날이 되면 우리는 한 절기를 맞이합니다. 공휴일로 정하여 그날의 정신을 되새기게 됩니다. 자녀들에게서 "삼일절이 왜 생겼습니까?"라는 질문을 받을 때 그날의 생생함을 가르치게 됩니다. 3·1운동은 1919년에 일어난 거족적인 민족운동입니다. 일본의 식민지로 인권, 문화, 자유를 잃어버림을 통분히 여겨 독립을 요구한

무저항 시위운동입니다. 손병희 선생을 대표로 33인의 인사로 시작되었습니다. 전국의 만세운동은 하늘을 찔렀고 일본 경찰과 군대는 날카로운 이를 드러냈습니다. 집회 수는 1,542회이며 참가인원은 2,023,089명, 사망자는 7,509명, 부상자는 15,961명, 검거자는 52,770명, 불탄 예배당은 47개소, 학교 2개, 민가는 715채나 되었습니다.

이 운동은 대내외적으로 민족의 독립정신을 선명히 보여주었습니다. 이때의 33인의 종교를 보면 기독교인 16명, 천도교인 15명, 불교인이 2명입니다. 우리 민족사에 기독교는 모든 면에서 등불이 되었습니다. 3·1운동정신을 계속 우리 민족사에 전하기 위해서 꼭 필요한 것이 절기를 만드는 것입니다. 또 만세사건의 흔적을 역사적으로 오래 동안 보전하고 표징을 남기는 것입니다. 이것은 하나님이 이스라엘 백성에게 명하신 방법이기도 합니다.

본문을 통해 큰 은혜 받고자 하는 교훈이 있습니다. 이스라엘 백성이 하나님의 방법으로 요단강을 육지같이 건넜습니다. 언약궤를 멘 제사장들의 발이 물에 들어갔을 때 물이 갈라졌습니다. 그 때 여호와는 여호수아에게 말씀하셨습니다. "백성의 매 지파에 한 사람씩 열 두 사람을 택하고 그들에게 명하여 이르기를 요단 가운데 제사장들의 발이 굳게 선 그 곳에서 돌 열 둘을 취하고 그것을 가져다가 오늘밤 너희의 유숙할 그 곳에 두라 하라"(4:2-3) 요단강 가운데 돌을 취하여 유숙한 곳에 두라고 하셨습니다. 여호수아는 하나님의 말씀대로 이스라엘 백성에게 명하여 순종하게 했습니다. "그들에게 이르되 요단 가운데 너희 하나님 여호와의 궤 앞으로 들어가서 이스라엘 자손들의 지파 수대로 각기 돌 한 개씩 취하여 어깨에 메라"(4:5)

그 돌이 후대에 이스라엘 백성이 요단강을 건넜다는 표징이 되는 것입니다. 그 강을 육지같이 건넌 것을 알게 하기 위해서입니다. "그들에게 이르기를 요단 물이 여호와의 언약궤 앞에서 끊어졌었나니 곧 언약궤가 요단을 건널 때에 요단 물이 끊어졌으므로 이 돌들이 이스라엘 자손에게 영영한 기념이 되리라 하라"(4:7) 이스라엘 백성 앞에 하나님의 역사가 있는 것을 보여 주는 기념비입니다. 이스라엘 백성은 여호수아의 말씀에 온전히 순종했습니다. "이스라엘 자손들이 여호수아의 명한 대로 행하되 여호와께서 여호수아에게 이르신 대로 이스라엘 자손들의 지파 수를 따라 요단 가운데서 돌 열 둘을 취하여 자기들의 유숙할 곳으로 가져다가 거기 두었더라 여호수아가 또 요단 가운데 곧 언약궤를 멘 제사장들의 발이 선 곳에 돌 열 둘을 세웠더니 오늘까지 거기 있더라"(4:8-9)

본문이 주는 몇 가지 큰 교훈이 있습니다.

1. 하나님의 역사하심을 대대로 기억하라 하셨습니다.

하나님은 이스라엘 백성이 애굽에서 나온 날을 기억하라고 했습니다. 그날을 유월절이라는 절기로 명하였습니다. 애굽인의 장자를 치시고 이스라엘 백성의 승리를 안겨준 사건을 자자손손 기억하기를 원했습니다. "내가 그들의 하나님이 되기 위하여 열방의 목전에 애굽에서 인도하여 낸 그들의 열조와 맺은 언약을 그들을 위하여 기억하리라 나는 여호와니라"(레26:45)

또한 하나님은 요단강을 육지 같이 건너는 기적을 베푸시고 그 능력의 흔적을 만들어 놓기를 원했습니다. "이스라엘 자손들의 지파 수대로 각기 돌 한개씩 취하여 어깨에 메라 이것이 너희 중에 표징이 되리라" 우리는 역사 속에 하나님의 보호와 축복을 늘 기억해야 합니다. 언더우드,

아펜젤러 선교사의 선교 초기를 기억해야 합니다. 6·25전쟁 후 황무지가 되었던 우리 민족에게 큰 성장을 공급하신 하나님을 기억해야 합니다. 성경의 역사와 세계 역사 속에, 교회와 가정의 역사 속에 하나님의 능력이 임한 것을 보존해야 합니다. 장차 자녀들에게 보여줄 하나님이 살아서 역사하신 유산을 잘 보존해야 합니다. 보존은 시청각 교재가 될 수 있습니다. 세계의 유명한 박물관과 기념관을 가 볼 때마다 우리 민족의 서글픈 현장을 볼 수 있습니다. 3·1절을 보내면서 그 때의 교회의 역할을 알고 민족 앞에 그리스도인으로서의 긍지를 가져야 할 것입니다.

2. 자녀들이 물어 볼 수 있도록 절기와 표징을 세워야 합니다.

역사를 제대로 가르치려면 역사를 담는 그릇이 필요하며, 잘 보존하여야 합니다. 흔히 인생을 살아가면서 삶의 목표가 변해간다고 합니다. 어릴 때는 부모를 위해 행동하고, 청년이 되면 자기를 위해 일을 하고, 부모가 되면 자녀를 위해서 산다고 하는 말이 있습니다. 어릴 때는 어떤 행동을 하고 부모의 칭찬을 기다립니다. 그러나 철이 들면서 자기 위주로 생각을 하는데 이때는 친구의 영향을 많이 받는 때입니다. 불안전한 부모를 바라보고 인격이 형성되어 자신의 방법대로 삽니다. 그리고 부모가 되면 자신의 주관보다는 자녀에 의해 울고 웃는 것이 결정됨으로 인생을 불행하게 살아가는 이들이 많습니다. 그러나 성경은 어릴 때나 청년 때나 부모가 되었을 때도 하나님을 바라보라고 했습니다. 하나님의 교육에는 일관성이 있습니다. 오직 성경만이 택한 백성의 교육의 기초입니다. 그래서 이스라엘 백성들은 지혜자가 많습니다. 우리는 자녀들에게 무엇을 바라보게 해야 합니까? 무엇에 의무를 가지도록 해야 합니까? 아브라함은 이삭에게 하나님 순종하는 모습을 보여 주었습니다. 자녀보다 하나님을 더 사랑하는 것을 보여 주었습니다. 한나는 사무엘을 지혜자로 닮게 하기위해 하나님의 집에서 하나님의 말씀을 듣고 자랄 수 있도록 했습니다.

하나님이 여호수아에게 교훈 한 것은 첫째, 요단강을 육지같이 건넌 것을 알게 하라고 하셨습니다. 다리를 놓아서 건넜다면 강바닥의 돌을 절대로 건질 수 없었을 것입니다. 둘째, 이스라엘 백성이 하나가 되는 것을 보여 주는 것입니다. 12지파의 대표가 표징을 만드는데 함께 참여할 것을 보여 준 것입니다. 셋째, 이스라엘백성의 영원한 교육의 재료가 되기 위해서 표징을 만들도록 했습니다.

3·1절도 84년을 지났지만 잊어버리지 않은 것은 절기를 삼았기 때문이요, 한글을 만든 세종대왕을 잊어버리지 않는 것도 화폐 인물로 삼았기 때문입니다. 우리도 자녀들에게 하나님의 백성들의 영적 승리의 현장을 보여 주어 하나님의 살아 계심을 믿는 자녀로 온전히 키워야합니다.

3. 하나님이 역사하신 곳의 흔적을 통한 교육의 결과가 아름답습니다.

"여호수아가 또 요단 가운데 곧 언약궤를 멘 제사장들의 발이 선 곳에 돌 열 둘을 세웠더니 오늘까지 거기 있더라"(4:9) 역사의 현장을 통한 교육의 열매는 매우 놀랍습니다. 이스라엘은 적은 인원으로 여러 배의 나라와 민족을 제압하고 있습니다. 유태인의 교육은 하나님이 우리와 함께 하신다는 의식을 어려서부터 어른이 되기까지 변함없이 강조합니다. 이 교육정책은 바꾸어지는 법이 없습니다. 그들의 머리를 당할 자가 없습니다. 유태인들은 유월절, 오순절 등을 지키면서 하나님을 생각했습니다. 유태인의 어머니는 가정에서 성경을 가르쳤습니다. 그러기에 히틀러와 스탈린에 의해 많은 학살을 받았고 2천여 년 간 나라 없이 방황하였음에도, 그들은 나라를 회복하였습니다. 교육이 바로 되었기 때문입니다. 바로 유일신의 교육이 있었던 것입니다. 그래서 노벨상을 받은 사람의 30%가 유태인이며 미국의 유명한 대학교수, 법관, 사업가 중 많은 수가 유태인입니다. 외국에 나가서 보면 유태인은 이런 정신을 잃지 않으려고 언어와 예식을 지키고 있는데 우리 이민세대들은 20-30년이 지나면 자녀들이 언어를 잊어버린다고 합니다. 우리는 영원히 변하지 말아야 될 일은 보여주고 교육해야 합니다.

또한 성경대로 부부가 사랑하는 것을 보여 주어야 합니다. "자기 앞에 영광스러운 교회로 세우사 티나 주름잡힌 것이나 이런 것들이 없이 거룩하고 흠이 없게 하려 하심이니라 이와 같이 남편들도 자기 아내 사랑하기를 제 몸같이 할지니 자기 아내를 사랑하는 자는 자기를 사랑하는 것이라 누구든지 언제든지 제 육체를 미워하지 않고 오직 양육하여 보호하기를 그리스도께서 교회를 보양함과 같이 하나니 우리는 그 몸의 지체임이니라 이러므로 사람이 부모를 떠나 그 아내와 합하여 그 둘이 한 육체가 될지니 이 비밀이 크도다 내가 그리스도와 교회에 대하여 말하노라" (엡5:27-32) 어려서부터 신앙이 성장하도록 교육해야 합니다. 신앙이 무너지면 마음, 양심, 육체, 환경이 무너집니다. 이젠 영원한 반석 되신 예수 그리스도 안에서, 인생의 집을 세웁시다. 예수님 안에 사는 인생은 죽어도 망하지 않고 실패해도 성공의 길이 예비되어 있습니다.

* * *

일주일을 잘 사용하려면 주일을 지키고, 물질을 잘 사용하려면 하나님의 것을 성별하고, 인생의 행복을 맛보시려면 서로 사랑하시길 바랍니다. 택한 백성의 반열에서 여호수아가 여리고를 이기고 정복한 것같이 성도는 이 세상을 이기고 승리의 노래를 부르게 될 것입니다. 할렐루야!

영원토록 경외할 여호와

여호수아 4:11-24

> "너희 하나님 여호와께서 요단 물을 너희 앞에 마르게 하사
> 너희로 건너게 하신 것이 너희 하나님 여호와께서
> 우리 앞에 홍해를 말리시고 우리로 건너게 하심과 같았나니
> 이는 땅의 모든 백성으로 여호와의 손이 능하심을 알게 하며
> 너희로 너희 하나님 여호와를 영원토록 경외하게 하려 하심이라 하라"(4:23-24)

오늘은 성민원 설립 5주년 감사예배를 드립니다. 개척하고 얼마 후, 한 원로 목사님이 무료하게 지내시는 것을 보고 월요일에 노인학교를 열었습니다. 교구에서 구역별로 식사를 제공했습니다. 노인학교를 몇 해 하다가 중단하고 있을 때 북한에서 귀순하여 이 지역에서 사시던 어떤 분이 테러를 당함으로 관내 경찰들이 한동안 특별 근무를 하던 때가 있었

습니다. 그때에 교회 이름으로 차와 음식으로 보살피려 했더니 종교에
대한 거부감이 있었습니다. 그리고 다른 교회 다니는 사람들의 거부와
경쟁으로 오는 부작용도 예상되었습니다. 그래서 '거룩한 백성들의 모
임'이란 뜻의 '성민회'를 만들게 되었습니다.

성도의 모임은 하나님께 영광이 돌아가야 합니다. 한 교회의 선행보
다는 하나님의 영광을 생각했습니다. 설립 주간이 되면 그때의 순수한
정신을 다시 생각합니다. 그때는 봉사의 열정이 있었습니다. 복지연보의
열정이 있었습니다. 성민원을 위한 기도의 열정이 있었습니다. 이제는
다섯 살이 되니 갓난아이의 모습보다 알아서 하려는 모습이 보여 감사합
니다. 그러나 전적으로 주님을 의지해야 합니다. 다시 설립하는 정신으
로 시작할 것입니다. 모두가 사심을 버리고 십자가의 고통을 각오하고
나아갈 때 하나님께 영광을 돌리게 될 것입니다.

오늘은 요단강을 건넌 후의 이스라엘 백성에게 주어진 임무에 대하여
생각하고 은혜를 받고자 합니다. 여호수아는 하나님의 말씀을 순종했습
니다. 또 제사장들은 여호수아를 통하여 임한 말씀에 순종했습니다. 유
사들도 순종했습니다. 모든 백성들은 요단강을 건너고자 하는 소원으로
하나가 되었습니다. 언약궤를 멘 제사장들과의 간격도 하나님의 뜻대로
이루어졌습니다. 영적인 질서가 생겼습니다. 언약궤는 900미터 앞서가
고 백성은 뒤따랐습니다. 백성은 하나님의 임재를 기대하며 "성결케 하
라"는 말씀에 순종했습니다. 하나님은 여호수아의 권위를 높여 놓았습
니다. "너를 온 이스라엘 목전에서 크게 하여"라고 했습니다. 사람이 잘
되고 못되는 것은 하나님의 손에 달려 있습니다. "그 날에 여호와께서 모
든 이스라엘의 목전에서 여호수아를 크게 하시매 그의 생존한 날 동안에
백성이 두려워하기를 모세를 두려워하던 것같이 하였더라"(4:14) 성공

과 실패는 하나님의 손에 달려있습니다. 사람이 인위적으로 큰 사람이 되고 안전하게 살려고 해도 하나님이 막으시면 될 수 없습니다. 그러나 약한 사람도 하나님이 높이시면 큰 사람이 됩니다. 하나님은 교만한 사람을 물리치십니다. "바위 틈에 거하며 높은 곳에 사는 자여 네가 중심에 이르기를 누가 능히 나를 땅에 끌어내리겠느냐 하니 너의 중심의 교만이 너를 속였도다 네가 독수리처럼 높이 오르며 별 사이에 깃들일지라도 내가 거기서 너를 끌어내리리라 나 여호와가 말하였느니라"(옵1:3-4)

모세의 시종으로 헌신한 여호수아를 하나님이 모세 대신 이스라엘 지도자로 삼았습니다. 그리고 여호수아를 높였습니다. 높이는 방법은 하나님이 여호수아와 동행하심을 이스라엘 백성으로 알게 하는 것이었습니다. 전능자는 이스라엘 백성을 전쟁에서 이기게 하실 때 강력한 지도자를 세우셨습니다. 그리고 여호수아에게 말씀을 주셨습니다. "요단으로 들어서라" 제사장들은 요단강으로 들어갔습니다. 문제 속으로 들어갔습니다. 불가능하다고 생각되는 것을 믿음으로 시작하는 모습입니다. 또한 이스라엘 백성은 요단강의 돌을 취하여 기념비를 세웠습니다.

본문은 강을 건너기를 마친 후 여호수아가 다음 임무를 하도록 하는 내용입니다. 살아있는 우리에게는 끊임없이 일이 생깁니다. 천국에 들어가기 전에는 계속 문제 속에서 삽니다. 이스라엘 백성이 가나안을 완전히 점령하기 전에는 계속 전쟁입니다. 우리에게도 천국 가기 전에 성화를 위한 전쟁이 계속됩니다. 욕심과의 싸움, 자기와의 싸움, 세상과의 싸움 그 모든 것을 이기기 위해서는 하나님의 능력으로 무장해야 합니다.

1. 다른 사람보다 앞에서 건너가서 싸울 사람이 있습니다.

"르우벤 자손과 갓 자손과 므낫세 반 지파는 모세가 그들에게 이른 것 같이 무장하고 이스라엘 자손들보다 앞서 건너갔으니 사만명 가량이라 무장하고 여호와 앞에서 건너가서 싸우려고 여리고 평지에 이르니라"(4:12-13) 르우벤 지파와 갓 지파와 므낫세 반 지파에게는 이스라엘의 다른 지파보다 먼저 안식을 주었습니다. 안식을 주시면서 말씀하셨습니다. "너희 용사들은 무장하고 너희의 형제보다 앞서 건너가서 그들을 돕고"(1:14) 형제보다 앞서서 안정하고 복을 받으면 빚진 자입니다. 부자는 가난한 사람을 도와야 합니다. 건강한 사람은 약한 사람을 도와야 합니다. 하나님의 말씀을 믿는 사람은 아직 믿지 못하는 사람들에게 복음을 전하고 능력과 기쁨을 나누어주어야 합니다. 많이 배운 사람은 그렇지 못한 사람에게 지식을 가지도록 해야 합니다. 먼저 안정된 지파가 그렇지 못한 지파의 안정을 위해 싸우는 것입니다. 우리의 대장 예수 그리스도의 말씀대로 싸우는 것입니다. 이스라엘 백성이 여호와의 말씀대로 싸운 것 같이 예수 그리스도의 말씀대로 싸우는 것입니다.

사랑하는 성도 여러분, 복을 받았다고 생각하십니까? 더 헌신하십시오. 택한 백성을 위해 헌신하는 것이 받은 복을 오랜 세월 간직하는 비결입니다.

2. 기적의 현장에 법궤를 머물게 해야 합니다.

제사장들이 요단강에 들어갔을 때 요단의 물이 갈라졌습니다. 그로 인해 이스라엘 백성이 건너갔습니다. 백성이 모두 건넌 후 법궤를 멘 제사장들이 육지로 올라왔습니다. "여호와의 언약궤를 멘 제사장들이 요단 가운데서 나오며 그 발바닥으로 육지를 밟는 동시에 요단 물이 본 곳으로 도로 흘러 여전히 언덕에 넘쳤더라"(4:18) 강물은 다시 옛날처럼 흘러갔습니다. 법궤가 있는 곳에 기적이 있었습니다. 법궤는 하나님의 임재의 상징입니다. 하나님은 자신의 의도대로 자연의 현상을 거스리기도 하십니다. 환경을 바꾸기를 원하는 사람은 하나님의 말씀을 굳게 잡아야 합니다. 그의 약속을 그대로 믿어야 합니다.

신약에서는 예수님을 믿을 때 기적의 현장을 볼 수 있습니다. "예수께서 거기서 떠나 가실쌔 두 소경이 따라 오며 소리질러 가로되 다윗의 자손이여 우리를 불쌍히 여기소서 하더니 예수께서 집에 들어가시매 소경들이 나아오거늘 예수께서 이르시되 내가 능히 이 일 할 줄을 믿느냐 대답하되 주여 그러하오이다 하니 이에 예수께서 저희 눈을 만지시며 가라사대 너희 믿음대로 되라 하신대 그 눈들이 밝아진지라 예수께서 엄히 경계하시되 삼가 아무에게도 알게 하지 말라 하셨으나"(마9:27-30) 소경의 소원이 이루어졌습니다.

"예수께서 산에서 내려오시니 허다한 무리가 좇으니라 한 문둥병자가 나아와 절하고 가로되 주여 원하시면 저를 깨끗케 하실수 있나이다 하거늘 예수께서 손을 내밀어 저에게 대시며 가라사대 내가 원하노니 깨끗함을 받으라 하신대 즉시 그의 문둥병이 깨끗하여진지라"(마8:1-3) 문둥병이 치료되었습니다.

"성문에 가까이 오실 때에 사람들이 한 죽은 자를 메고 나오니 이는 그 어미의 독자요 어미는 과부라 그 성의 많은 사람도 그와 함께 나오거늘 주께서 과부를 보시고 불쌍히 여기사 울지 말라 하시고 가까이 오사 그 관에 손을 대시니 멘 자들이 서는지라 예수께서 가라사대 청년아 내가 네게 말하노니 일어나라 하시매 죽었던 자가 일어앉고 말도 하거늘 예수께서 그를 어미에게 주신대"(눅7:12-15) 과부의 죽은 아들도 살리셨습니다.

우리나라 한 기업의 회장은 자신의 집무실에 제일 높은 자리를 비워 놓았다고 합니다. 자신이 회장이 아니라 주님이 회장이 되시기에 항상 성경의 원리대로 하려고 한다고 했습니다. 얼마나 아름답습니까? 타락된 사람은 권위에 도전하고 주인이 아니면서도 주인행세하고 하나님의 자리에서 열의 열을 다 먹고도 부족해서 남의 것 도적질하는데, 자신이 할 수 있을 것 같아도 하나님께 영광 돌리는 이들은 큰 자가 될 것입니다.

말씀을 붙잡고 문제 속으로 들어갑시다. 사랑을 가지고 가정으로, 진실을 가지고 이웃을 대하고, 겸손을 가지고 남을 대하고, 순종과 겸손과 믿음으로 신앙생활을 하시면 문제가 해결됩니다. 할렐루야!

3. 영광 받길 원하시는 하나님을 알아야 합니다.

"너희 하나님 여호와께서 요단 물을 너희 앞에 마르게 하사 너희로 건너게 하신 것이 너희 하나님 여호와께서 우리 앞에 홍해를 말리시고 우리로 건너게 하심과 같았나니 이는 땅의 모든 백성으로 여호와의 손이 능하심을 알게 하며 너희로 너희 하나님 여호와를 영원토록 경외하게 하려 하심이라 하라"(4:23-24) 하나님은 택한 백성이 자신의 뜻을 알기를 원하십니다. 하나님은 이스라엘 백성이 하나님의 인도하심을 알고 영광을 돌리기를 원하고 계십니다. 그러나 사람은 과거를 잊어버리는 죄성을 가지고 있습니다. 창조주를 잊어버리고 부모의 은혜도 잊어버립니다. 신앙 없고 분노하는 사람은 상대의 은혜를 헌신짝처럼 버립니다. 그러나 하나님을 경외하는 사람은 효도하고 우애하고 사랑할 수 있는 마음이 있습니다.

요즘에는 혈맹이라는 말이 잘 나오지 않습니다. 피를 나눌 명분을 잊어버리고 역사의 현장에서 수고와 전통이 무시되는 때에 살고 있습니다. 감사를 모르고 은혜 입힌 사람과 적이 되고 원수와 형제가 되는 때를 생각해 보아야 합니다. 하나님 잘 믿는 사람이 진실한데 하나님이 마음에 없는 이들을 형제로 알았다가는 큰 일 납니다. 하나님이 택한 백성에게 홍해를 건너고 광야를 통과하여 요단강을 건너게 하신 이유는 영원토록 하나님을 경외하게 하시기 위해서입니다.

※ ※ ※

사랑하는 성도 여러분!

잘 되고 있습니까? 우리가 북한을 도울 수 있고 가난한 외국인이 와서 일할 수 있는 환경까지 되게 하신 목적이 어디에 있겠습니까? 이 민족이 여호와를 경외하게 하기 위해서입니다. 하나님은 오늘도 우리들이 하나님의 전능함을 영원토록 경외하며 살기를 원하십니다. 이 말씀을 의지하여 소망 가운데 사랑의 사람으로 승리하시길 축원합니다.

9

그리스도인의 올바른 의식

여호수아 5:1-15

"그 때에 여호와께서 여호수아에게 이르시되
너는 부싯돌로 칼을 만들어 이스라엘 자손들에게 다시 할례를 행하라
하시매 여호수아가 부싯돌로 칼을 만들어
할례산에서 이스라엘 자손들에게 할례를 행하니라"(5:2-3)

예수 믿는 것이 좋지만 때로는 부담스러울 때도 있습니다. 불신자 같으면 전혀 문제가 될 것이 아닌데 신자이기 때문에 구설수에 오를 때가 있습니다. 멀컴 라이치라는 분은 "세상 사람들이 예수 믿는 사람들을 유별나다고 비판하는 가장 큰 이유는 그리스도인에게 가장 큰 기대를 걸고 있기 때문입니다"라고 했습니다. 세상 사람이 돈을 많이 가지면 축복이

고 그리스도인이 많이 가지면 사랑이 없다고 합니다. 세상 사람이 좋은 차를 타면 부의 상징으로 보고 목회자가 타면 타락의 상징처럼 봅니다. 세상 사람이 작은 선이라도 행하면 크게 평가하면서 그리스도인이 선한 일을 하면 당연시하기 때문에 부담스러울 때가 있을 수 있습니다. 그러나 그런 평가에 크게 민감할 것 없습니다. 하나님이 보시고 평가하시기 때문입니다. 예수 믿는 사람은 생각하는 것이나 살아가는 방법에 있어 세상 사람과는 큰 차이가 있습니다.

1. 하나님 안에 있는 사람은 환경을 두려워하지 않습니다.

하나님 밖에 있는 사람은 항상 염려와 걱정의 포로가 되어 삽니다. 이유는 천국이 없기 때문입니다. "요단 서편의 아모리 사람의 모든 왕과 해변의 가나안 사람의 모든 왕이 여호와께서 요단 물을 이스라엘 자손들 앞에서 말리시고 우리를 건네셨음을 듣고 마음이 녹았고 이스라엘 자손들의 연고로 정신을 잃었더라"(5:1) 이스라엘 백성의 움직임을 듣고 마음이 녹았고 정신을 잃었다고 하였습니다. 하나님의 능력을 입지 못하고 진리와 대적이 되는 자의 삶은 항상 불안과 공포와 저주입니다.

고양이를 많이 두려워하는 생쥐가 요술쟁이에게 부탁을 했습니다. 그래서 생쥐를 고양이로 만들었더니 개를 두려워하고, 개로 만들어 주었더니 사자를 두려워하고, 사자로 만들어 주면 마음에 평안을 가지고 두려움이 없이 살 것인가 했더니 사람과 사냥꾼을 무서워했다고 했습니다. 결국 요술쟁이는 원래대로 생쥐로 살도록 했다고 합니다.

오늘날 사람들을 풍자한 것이라 생각됩니다. 양식, 의복, 집, 자녀, 건강, 장래, 내세 등 한 가지 해결되면 그 다음의 것에 계속 염려합니다. 하나님은 택한 백성인 우리를 향해 "두려워 말라" 했습니다. "야곱아 너를 창조하신 여호와께서 이제 말씀하시느니라 이스라엘아 너를 조성하신 자가 이제 말씀하시느니라 너는 두려워말라 내가 너를 구속하였고 내가 너를 지명하여 불렀나니 너는 내 것이라 네가 물 가운데로 지날 때에 내가 함께할 것이라 강을 건널 때에 물이 너를 침몰치 못할 것이며 네가 불 가운데로 행할 때에 타지도 아니할 것이요 불꽃이 너를 사르지도 못하리니"(사43:1-2) 어떠한 원수가 접근해도 믿음의 사람은 두려워하지 않습니다.

2. 그리스도인은 삶의 방식이 있습니다.

하나님은 자신의 백성에게는 특별한 흔적과 의식을 주셨습니다. 요단 강을 건너 가나안에 들어가면서 이스라엘 백성들은 할례의식과 유월절을 지켰습니다. 이 둘은 신약까지 연결되었습니다. 내용은 같으나 다른 옷으로 갈아입고 행해집니다. 할례는 세례로, 유월절은 성찬식으로 행하여지고 있습니다. 예수님은 최후의 만찬을 유월절 만찬으로 지켰습니다. 애굽에서의 유월절은 예수님 안에서 성찬식으로 변하였습니다.

이스라엘 백성이 할례를 행했습니다. 할례는 하나님의 자녀가 된 표입니다. "너희 중 남자는 다 할례를 받으라 이것이 나와 너희와 너희 후손사이에 지킬 내 언약이니라 너희는 양피를 베어라 이것이 나와 너희 사이의 언약의 표징이니라"(창17:10-11) 이스라엘 백성은 난지 8일 만에 할례를 합니다. 할례를 받아서 하나님의 백성이 되는 것이 아니라 하나님의 백성이 할례를 행합니다. 하나님의 백성으로 태어났으니 예식을 통해 하나님의 백성인 것을 확인하는 것입니다. 또한 우리는 할례의 예식에 깔려 있는 교훈을 알아야 합니다. 하나님은 예식이나 예물 자체에 관심을 두지 않으십니다. "여호와께서 말씀하시되 너희의 무수한 제물이 내게 무엇이 유익하뇨 나는 수양의 번제와 살진 짐승의 기름에 배불렀고 나는 수송아지나 어린 양이나 수염소의 피를 기뻐하지 아니하노라 너희가 내 앞에 보이러 오니 그것을 누가 너희에게 요구하였느뇨 내 마당만 밟을 뿐이니라 헛된 제물을 다시 가져오지 말라 분향은 나의 가증히 여기는 바요 월삭과 안식일과 대회로 모이는 것도 그러하니 성회와 아울러 악을 행하는 것을 내가 견디지 못하겠노라 내 마음이 너희의 월삭과 정한 절기를 싫어하나니 그것이 내게 무거운 짐이라 내가 지기에 곤비하였느니라 너희가 손을 펼 때에 내가 눈을 가리우고 너희가 많이 기도할찌라도 내가 듣지 아니하리니 이는 너희의 손에 피가 가득함이니라 너희는 스스로 씻으며 스스로 깨끗케 하여 내 목전에서 너희 악업을 버리며 악행을 그치고 선행을 배우며 공의를 구하며 학대 받는 자를 도와주며 고아를 위하여 신원하며 과부를 위하여 변호하라 하셨느니라"(사1:11-17)

구약의 할례는 신약의 세례로 연결이 됩니다. "또 그 안에서 너희가 손으로 하지 아니한 할례를 받았으니 곧 육적 몸을 벗는 것이요 그리스도의 할례니라 너희가 세례로 그리스도와 함께 장사한바 되고 또 죽은 자들 가운데서 그를 일으키신 하나님의 역사를 믿음으로 말미암아 그 안에서 함께 일으키심을 받았느니라"(골2:11-12) 영적 할례, 다시 말하면 세례는 함께 죽고 다시 살아난 표적이기도 합니다. 하나님의 택한 백성이 세례를 받습니다. 세례의 의미를 바울은 이렇게 말했습니다. "무릇 그리스도 예수와 합하여 세례를 받은 우리는 그의 죽으심과 합하여 세례 받은 줄을 알지 못하느뇨 그러므로 우리가 그의 죽으심과 합하여 세례를 받음으로 그와 함께 장사되었나니 이는 아버지의 영광으로 말미암아 그리스도를 죽은 자 가운데서 살리심과 같이 우리로 또한 새 생명 가운데서 행하게 하려 함이니라 만일 우리가 그의 죽으심을 본받아 연합한 자가 되었으면 또한 그의 부활을 본받아 연합한 자가 되리라"(롬6:3-5)

할례 받은 장소가 주는 교훈이 있습니다. 요단강 건너서 여리고성이 바라보이는 곳입니다. 할례 받으면 남자들은 움직일 수가 없습니다. 적진 앞에서 누워 있는 것입니다. 하나님의 능력을 전적으로 의지하는 행위입니다. 하나님의 말씀에 순종한다고 하면서도 세상을 두려워하는 이들이 많습니다. 월남전 당시 예배당들은 포를 맞지 않았습니다. 작전 중에도 모여 예배를 드렸는데 그때는 공격을 받지 않았다고 합니다. 주일 성수 하다가 일이 잘못될 것 같아 사람 찾아다니고, 일이 바쁘다고 주일을 범하면 하나님의 능력을 믿지 못하는 것입니다. 하나님이 인간적으로 이해가 되지 않는 곳에서 할례를 하라고 하신 것도 하나님을 전적으로 의지하게 하기 위해서입니다.

3. 이스라엘 백성들이 유월절을 지켰습니다.

"이스라엘 자손들이 길갈에 진쳤고 그 달 십 사일 저녁에는 여리고 평지에서 유월절을 지켰고"(5:10) 이스라엘 백성들은 하나님이 베푸신 은총의 의식을 가졌습니다. 유월절은 이스라엘 백성이 애굽으로부터 해방된 날입니다. 애굽의 장자를 치신 심판의 날입니다. 이날에 구원의 방편을 주셨습니다. 유월절을 지키는 것은 하나님이 함께 하신 지난 세월을 기억하는 것입니다. 애굽에서의 해방, 홍해를 마른 땅으로 건넘, 광야의 40년, 요단강을 건넘 등의 기적을 기억하는 것입니다.

새로운 삶의 여정이 시작되었습니다. 하나님은 위기마다 택한 백성에게 구원의 방편을 주십니다. 노아에게 방주라는 구원의 방편을 주셨습니다. 엘리야에게 사르밧 과부의 헌신을 주셨습니다. 오늘날 우리에게는 예수님을 구원의 길로 주셨습니다.

"유월절 이튿날에 그 땅 소산을 먹되 그 날에 무교병과 볶은 곡식을 먹었더니 그 땅 소산을 먹은 다음 날에 만나가 그쳤으니 이스라엘 사람들이 다시는 만나를 얻지 못하였고 그 해에 가나안 땅의 열매를 먹었더라"(5:11-12) 그 땅 소산을 먹는 다음날에 만나가 그쳤습니다. 광야 길에서는 농사할 수 없었습니다. 그러나 지금은 농사하여 먹을 수 있는 환경이기 때문에 만나를 중단한 것입니다. 이제는 땀을 흘리고 수고해야 합니다. '네 손으로 일하라, 땀을 흘려라, 네가 벌어라, 네가 나의 은혜를 의지하여 지금까지 만나를 통해서 나의 사랑과 전능함을 알았으니 이제는 네 삶에 있어서 최선을 다하라' 고 말씀하십니다. 학생은 공부를, 농부는 농사일을, 병든 자는 기도를, 의사는 치료를, 사람이 할 수 있는 일을 부지런히 해야 합니다.

4. 의식이 행해지고 순종이 있는 곳에는 하나님의 천사가 찾아옵니다.

"여호수아가 여리고에 가까왔을 때에 눈을 들어 본즉 한 사람이 칼을 빼어 손에 들고 마주 섰는지라 여호수아가 나아가서 그에게 묻되 너는 우리를 위하느냐 우리의 대적을 위하느냐 그가 가로되 아니라 나는 여호와의 군대 장관으로 이제 왔느니라 여호수아가 땅에 엎드려 절하고 가로되 나의 주여 종에게 무슨 말씀을 하려 하시나이까 여호와의 군대 장관이 여호수아에게 이르되 네 발에서 신을 벗으라 네가 선 곳은 거룩하니라 여호수아가 그대로 행하니라"(5:13-15) 여리고를 정복하려고 떠날 때 천사가 나타났습니다. 돕는 자입니다. 하나님은 여호수아의 싸움을 버려 두지 않고 그곳에서 함께 하심을 보여 주십니다. 하나님은 역사 속에서 우리 민족과 함께 하셨습니다. 6·25전쟁 때도 하나님이 우리를 도우셔 서 유엔군이 참전하였습니다. 우리를 지켜주셨습니다. 지금도 우리는 전 쟁의 위협을 느끼고 있습니다. 그 문제해결은 큰 나라나 특정한 사람을 믿어서 되는 것이 아닙니다. 하나님을 온전히 믿어야 되는 것입니다.

＊＊＊

여러분, 철벽 여리고가 여러분 앞에 있습니까? 가정이 파산하고 이혼 위기에 있습니까? 부도 위기에 있고 심한 병으로 고통 속에 있습니까? 그 것을 해결하기 위한 몸부림보다 먼저 하나님 앞에 의식을 바로 가지면 하나님의 능하신 도움이 옵니다. 하나님을 온전히 의지하고 신뢰하십시 오. 그리하면 예수 그리스도의 능력으로 새롭게 될 수 있습니다. 그리스 도인이 가는 곳에는 바른 예배가 드려집니다. 세례와 성찬이 이루어집니 다. 또 평화가 있습니다. 사람과의 관계가 아름다워집니다. 우리 교회가 계속 성장하는 것을 믿습니다. 이유는 기도하는 성도들만 보아도 확신할 수 있습니다. 이 나라는 망하지 않습니다. 기도하는 사람이 있기 때문입 니다. 할렐루야!

큰 열매 맺게 하소서

푸른 잎 땀흘림의 열매
태양에 영그는구나

봄 지나 더위 이기고
가을의 열매 대롱대롱
아름답고 멋지지만

푸른 잎 지쳐 누렇게
얼굴 시들고
열매 탐내는 이들의
막대기와 돌팔매에
아픔이 더하는구나

오 님이여!
아픔과 시련 있어도 좋으니
내년에도 큰 열매 맺게 하소서.

태양아
기브온 위에 머무르라

2부

10 여리고를 함락하라

"이스라엘 자손들로 인하여 여리고는 굳게 닫혔고 출입하는 자 없더라
여호와께서 여호수아에게 이르시되
보라 내가 여리고와 그 왕과 용사들을 네 손에 붙였으니
너희 모든 군사는 성을 둘러 성 주위를
매일 한번씩 돌되 엿새 동안을 그리하라"(6:1-3)

지난 40일간 24시간 북한 핵 평화적 문제해결을 위한 기도회가 마쳐졌습니다. 이 기도회에 참석한 성도들에게 하나님의 큰 은혜가 있기를 바랍니다.

지금 이라크는 전쟁으로 수많은 사람들이 죽어가고 있습니다. 또한 세계 각국에서는 반전데모를 하고 있습니다. 우리는 이때 너무 쉽게 누

가 잘못하고 있다고 말함으로 분별력을 잃어버리고 있습니다. 어떤 사람들은 미국 대통령 부시가 잘못했다고 하고, 어떤 사람들은 이라크 대통령 후세인의 책임이라고 합니다. 제가 보기에는 둘 다 잘못하고 있는 것 같습니다. 자기 한 사람 때문에 나라와 백성들이 고통을 당하는데 자기 한 몸 살겠다고 백성을 인질로 잡고, 패할 줄로 알면서 전선으로 군사들을 보내고 있습니다. 악인을 보호하면 그와 함께 망합니다. 또한 하나님이 주시는 힘과 지혜를 잘못 쓰면 그것으로 인해서도 낭패를 당합니다.

이 땅에서 제일 큰 문제는 '죄'입니다. 죄가 해결되면 자유와 평화가 있습니다. '죄'는 하나님의 말씀을 불순종하는 것입니다. '의'는 하나님의 의도대로 사는 것입니다. 하나님이 인간을 구원하시려고 보낸 예수 그리스도를 구주로 믿는 것이 '의'입니다. "아들을 낳으리니 이름을 예수라 하라 이는 그가 자기 백성을 저희 죄에서 구원할 자이심이라 하니라"(마1:21)

예수님을 믿는 믿음에 의해서 인간 영혼의 생사가 결정됩니다. 어둠에 속한 악령은 믿는 사람을 하나님과 단절되게 하기 위해서 수단과 방법을 가리지 않습니다. 사람, 환경, 물질, 질병, 명예 등으로 유혹합니다. 그러나 성령의 사람은 이런 환경을 충분히 이길 수 있습니다.

본문에서 이스라엘 백성은 앞에 놓인 여리고성을 점령하라는 하나님의 음성을 듣습니다. 여리고를 바라보면서 할례와 유월절을 행하고 천사의 도움을 받아 여리고를 공격하게 됩니다. 여리고성는 견고한 성입니다. 고고학자들이 발굴한 결과 여리고성은 기원전 1400년경에 무너진 것으로, 여호수아 시대에 무너진 것으로 추정했습니다. 바깥벽은 2미터, 안쪽 벽은 두께 4미터나 되었습니다. 두 성벽 사이는 5미터였고 성벽의 외벽과 내벽사이에 나무로 건너질러 집을 지어 살기도 했습니다.

지난 1930년-1936년 사이에 영국인 갈스탕(John Garstang)박사에 의해 정밀히 발굴되었습니다. 라합의 집도 성벽 위에 건축되어 있었습니다. 이 성벽에는 문이 있으므로 외부에서 침입하기가 용이하지 않습니다. 그러나 하나님은 여호수아에게 여리고를 함락시키라고 명하셨습니다.

1. 우상의 성, 죄인의 성의 종말을 보여줍니다.

여리고성은 번영하고 있었으나 이미 40년 전에 멸망의 형이 내려졌습니다. "내가 내 위엄을 네 앞서 보내어 너의 이를 곳의 모든 백성을 파하고 너의 모든 원수로 너를 등지게 할 것이며 내가 왕벌을 네 앞에 보내리니 그 벌이 히위 족속과 가나안 족속과 헷 족속을 네 앞에서 쫓아내리라"(출23:27-28) 성경은 모든 사람이 죄 아래 있다고 했습니다. 죄의 삯은 사망이기 때문에 형벌이 내려져 있습니다. "죄의 삯은 사망이요 하나님의 은사는 그리스도 예수 우리 주 안에 있는 영생이니라"(롬6:23)

여리고성은 완전히 닫혀 있었습니다. "여리고는 굳게 닫혔고" 이스라엘의 공격을 막기 위해 굳게 닫았습니다. 이들은 이스라엘 백성이 열 수 없다고 생각했을 것입니다. 이들은 하나님을 대적하면서 문을 닫았습니다. 오늘날도 멸망 받을 사람들은 마음을 닫습니다. 대문도 닫습니다. 자기의 마음을 닫고 죄를 감싸는 사람은 번영이 없습니다. 자신의 의로움 안에 자기를 가두지 말아야 합니다. 의인은 마음을 열고 겸손하여 택한 백성을 가슴으로 맞이합니다.

사랑하는 여러분! 우리의 형편과 마음은 어떻습니까? 여리고성의 종말은 불신앙의 종말을 보는 것입니다.

2. 하나님의 방법으로 여리고를 무너지게 했습니다.

여리고성을 무너뜨리는 것을 지금의 방법으로 한다면 다이너마이트를 사용해야 할 것입니다. 그러나 하나님은 그 방법을 말씀하시지 않고 하나님의 방법으로 하라고 하셨습니다. "너희 모든 군사는 성을 둘러 성 주위를 매일 한번씩 돌되 엿새 동안을 그리하라"(6:3) "믿음으로 칠일 동안 여리고를 두루 다니매 성이 무너졌으며"(히11:30) 그들은 믿음으로 여리고성을 둘러쌌습니다. 무엇을 얻으려 할 때 믿음으로 둘러싸야 합니다. 하나님은 "네 믿음대로 되리라"(마9:29)고 하십니다. 하나님을 의지하고 인간의 생각을 물리쳐야 합니다.

제사장들은 나팔을 불었습니다. "제사장 일곱은 일곱 양각 나팔을 잡고 언약궤 앞에서 행할 것이요 제 칠일에는 성을 일곱 번 돌며 제사장들은 나팔을 불 것이며"(6:4) 견고한 성벽 앞에서 부는 나팔이 무슨 능력이 있겠습니까? 사람들이 보기에는 아무것도 아닌 것 같습니다. 그러나 하나님의 말씀에 순종하는 것이기 때문에 큰 기적을 동반합니다.

사도행전에도 바울과 실라가 옥중에서 "기도하며 찬미" 하였습니다. 아무 것도 아닌 것처럼 보였습니다. 그러나 그것으로 인해 옥 터가 움직이고 옥문이 열렸습니다. 또 다윗과 골리앗이 전쟁 중에 대결을 했습니다. 골리앗에게는 다윗의 손에 들린 작은 돌멩이가 아무 것도 아닌 것처럼 보였지만, 하나님께 붙잡힌 다윗의 손에 들려져 사용될 때 골리앗을 물리치는 도구가 되었습니다. 이것이 이스라엘을 승리로 이끌었습니다. 복음의 나팔, 성령의 감동된 말씀은 기적을 창조하게 될 것입니다.

또한 제사장들은 언약궤를 메고 성을 돌았습니다. "눈의 아들 여호수아가 제사장들을 불러서 그들에게 이르되 너희는 언약궤를 메고 일곱 제사장은 일곱 양각나팔을 잡고 여호와의 궤 앞에서 행하라 하고"(6:6) 언약궤는 여호와의 임재의 상징입니다. 언약궤를 따라가는 것은 하나님을 따라가는 모습입니다. 이스라엘 백성이 언약궤를 따르는 것처럼 우리는 예수 그리스도를 따라가야 합니다. 주님의 말씀대로 따라갈 때 승리를 체험합니다. 주님은 성령으로 말씀하셨습니다. "너희 중에 고난당하는 자가 있느냐 저는 기도할 것이요 즐거워하는 자가 있느냐 저는 찬송할찌니라 너희 중에 병든 자가 있느냐 저는 교회의 장로들을 청할 것이요 그들은 주의 이름으로 기름을 바르며 위하여 기도할찌니라 믿음의 기도는 병든 자를 구원하리니 주께서 저를 일으키시리라 혹시 죄를 범하였을찌라도 사하심을 얻으리라 이러므로 너희 죄를 서로 고하며 병 낫기를 위하여 서로 기도하라 의인의 간구는 역사하는 힘이 많으니라"(약5:13-16) 말씀을 따라가면 약속이 현실로 이루어집니다. 그 방법은 초자연적인 것입니다.

3. 멸망의 성에서도 살아 나오는 사람이 있습니다.

"여호수아가 기생 라합과 그 아비의 가족과 그에게 속한 모든 것을 살렸으므로 그가 오늘날까지 이스라엘 중에 거하였으니 이는 여호수아가 여리고를 탐지하려고 보낸 사자를 숨겼음이었더라"(6:25) "믿음으로 기생 라합은 정탐군을 평안히 영접하였으므로 순종치 아니한 자와 함께 멸망치 아니하였도다"(히11:31)

과거 믿음의 행위는 현재의 행복으로 연결이 됩니다. 라합은 믿음이 있었습니다. "말하되 여호와께서 이 땅을 너희에게 주신 줄을 내가 아노라 우리가 너희를 심히 두려워하고 이 땅 백성이 다 너희 앞에 간담이 녹나니"(2:9) "우리가 듣자 곧 마음이 녹았고 너희의 연고로 사람이 정신을 잃었나니 너희 하나님 여호와는 상천하지에 하나님이시니라"(2:11)

라합은 자신의 이방종교도 의리도 민족도 다 버리고 하나님의 편에 섰습니다. 그녀는 하나님의 능력을 믿었습니다. 그리고 정탐군의 말에 순종하여 붉은 줄을 창문에 매었습니다. "또 이와 같이 기생 라합이 사자를 접대하여 다른 길로 나가게 할 때에 행함으로 의롭다 하심을 받은 것이 아니냐"(약2:25) 그녀의 행위가 인정을 받았습니다.

진리는 순종의 행위로 나타나야 합니다. 라합은 자신 뿐 아니라 온 가족을 구원했습니다. 한 사람이 잘하면 온 가족이 행복하고 한 사람이 잘못하면 온 가족과 나라가 불행하게 되기도 합니다. 첫 아담이 범죄함으로 온 인류가 죄인이 되었습니다. 그러나 예수 그리스도가 순종함으로 믿는 모든 사람이 의인이 되었습니다. 라합은 믿음으로 행하여 가족을 구원하고 여리고성이 멸망 받을 때 보호를 받았습니다.

✳ ✳ ✳

사랑하는 성도 여러분! 여러분 앞에 여리고 같은 성이 있습니까? 하나님이 점령하라고 했는데 아무리 생각해도 불가능하다고 생각되는 것이 있습니까? 이젠 순종합시다. 기도합시다. "구하라 그러면 너희에게 주실 것이요 찾으라 그러면 찾을 것이요 문을 두드리라 그러면 너희에게 열릴 것이니"(마7:7) 걱정하지 말고 모두 일어나 기도합시다. 앉은뱅이, 중풍병자, 죽음까지도 해결하시는 하나님의 능력을 입어 문제 속에서 벗어납시다. 전쟁이 없는 세계의 평화를 위해 기도합시다.

이젠 우리 교회가 지역을 책임져야 합니다. 우리 앞에 있는 여리고성은 하나님의 역사로 무너지고 원수는 멸망 받아 영광이 하나님께 돌아갈 것입니다.

11

여리고를 정복하라

여호수아 6:12-21

"이에 백성은 외치고 제사장들은 나팔을 불매
백성이 나팔 소리를 듣는 동시에 크게 소리질러 외치니 성벽이 무너져 내린지라
백성이 각기 앞으로 나아가 성에 들어가서 그 성을 취하고
성 중에 있는 것을 다 멸하되
남녀 노유와 우양과 나귀를 칼날로 멸하니라"(6:20-21)

하나님은 사람에게 많은 복을 주셨습니다. 하나님은 사람을 만드시고 사람을 위하여 에덴동산을 만들어 주셨습니다. 사람은 창조되면서부터 좋은 환경에서 살게 되었습니다. 에덴동산에는 행복이 있었습니다. 고통도 질병도 없는 곳입니다. 좋은 가정도 만들어 주셨습니다. 하나님의 법을 지킬 때 좋은 환경을 누릴 수가 있습니다. 많은 자유를 주셨지만

그 중에 사람이 침범할 수 없는 것도 있었습니다. 자유 속에 질서를 지키게 하기 위해 선악을 알게 하는 나무의 과실을 먹지 말라고 하셨습니다. 그러나 인간은 하나님의 말씀을 범함으로 낙원에서 쫓겨났습니다. 아담과 하와는 하나님께서 주신 환경을 잘 관리하지 못했습니다. 그 후에 고통, 살인, 분노, 저주가 인간의 삶과 환경에 임하게 되었습니다. 이 원죄가 우리에게까지 온 것입니다.

죄로 인하여 사람의 위치가 창조의 원리에서 벗어났습니다. 요즘 모두가 무서워하는 사스는 죄의 결과로 오는 것입니다. 인간에게 무엇인가 교훈하는 사건 속에 하나님의 경고가 있는 것입니다. 사스라는 병 자체보다 더 무서운 것은 두려움과 사람으로부터 소외입니다. 중국과 홍콩이 세계 사람들로부터 외면당하고 있습니다. 그러나 우리는 사스의 공포에서 자유해야 합니다. 병을 두려워하지 말고 하나님께 기도해야 합니다.

하나님은 그 시대마다 세계 질서를 바로잡습니다. 그리고 사람을 세우시고 폐하시기도 합니다. 인간 편에서 보면 악인데 하나님 편에서 보면 선인 것도 얼마든지 있습니다. 또 하나님은 나라를 세우기도하고 폐하기도 하십니다. 초대교회 당시 헤롯이 있었습니다. "헤롯이 날을 택하여 왕복을 입고 위에 앉아 백성을 효유한대 백성들이 크게 부르되 이것은 신의 소리요 사람의 소리는 아니라 하거늘 헤롯이 영광을 하나님께로 돌리지 아니하는 고로 주의 사자가 곧 치니 충이 먹어 죽으니라 하나님의 말씀은 흥왕하여 더하더라"(행12:21-24) 헤롯은 하나님께 영광을 돌려야 하는 위치임에도 영광을 하나님께 돌리지 않음으로 병들어 죽었습니다. 사람 편에서 보면 병들었으나 하나님 편에서 보면 하나님이 치신 것입니다. 하나님은 병을 통해서 사람을 치기도, 세우기도 하십니다. 질병도 하나님께 영광을 돌리게 하기 위한 병이 있고 징계하기 위해 오는 병이 있을 수 있습니다. 다시 말하면 전쟁에서 작전을 잘 수행하기 위해 훈련하는 것이 있고, 잘못해서 벌을 받는 훈련도 있습니다. 인간의 눈에 세상이 경제, 전쟁, 질병의 위기라 보여진다면 더욱 기도하는 마음가짐이 있어야 합니다. 하나님의 보호를 기대하며 범사에 감사하는 지혜를 가져야 합니다.

본문은 하나님이 허락하신 여리고성을 점령하는 방법에 대하여 알려 줍니다. 이스라엘 백성이 하나님이 주신 가나안 땅으로 들어가려는데, 이미 그 땅은 가나안 족속, 헷 족속, 히위 족속 등 여러 족속이 지키고 있었습니다. 또한 가나안 입구에 여리고라는 철옹성이 있었습니다. 하나님은 여리고성을 차지하는 방법을 알려 주셨습니다. 제일 처음에는 정탐군을 보내서 그 백성의 마음상태와 분위기를 파악했습니다. 그리고 그 성에 살아남아야 될 사람도 알게 되었습니다. 그 후 하나님이 명하시는 방법으로 작전을 세웠습니다. 하나님의 법궤를 중심으로 앞에는 일곱 제사장들이 나팔을 잡았습니다. 그 뒤를 법궤를 메고 갔고, 군대가 따랐습니다. 이렇게 6일 동안 성을 돌았습니다. 7일째는 일곱 바퀴를 돌았습니다. 마지막 일곱 바퀴를 돌고 나서 나팔을 불고 백성은 소리를 질렀습니다. 그때 하나님의 능력으로 여리고성이 무너졌습니다. 이 사건이 우리에게 주는 교훈이 있습니다.

1. 전쟁의 승패는 오직 하나님의 손에 달려 있습니다.

이 전쟁은 하나님의 말씀에 대한 순종의 능력을 알게 한 사건입니다. 백성이 하나님을 더 의지하게 하는 방법입니다. "이에 백성은 외치고 제사장들은 나팔을 불매 백성이 나팔 소리를 듣는 동시에 크게 소리 질러 외치니 성벽이 무너져 내린지라 백성이 각기 앞으로 나아가 성에 들어가서 그 성을 취하고"(6:20) 이 전술을 이방인이 보았다면 매우 유치하게 생각했을 것입니다. 그러나 이스라엘 백성들은 하나님이 시키는 대로 하였고, 여리고성은 무너졌습니다.

하나님의 군대는 성안으로 들어가 그곳에 있는 모든 것을 아끼지 않고 멸하였습니다. 하나님이 버린 성의 종말은 매우 불행한 것입니다. 무기와 힘이 많고 적음이 문제가 아니라 하나님의 계획이 문제입니다. "여호와께서 여호수아에게 이르시되 보라 내가 여리고와 그 왕과 용사들을 네 손에 붙였으니"(6:2) 하나님이 함께 하는 백성이나 사람은 두려움의 대상이 됩니다. 전능자의 능력이 그 사람에게서 나가기 때문입니다. "말하되 여호와께서 이 땅을 너희에게 주신 줄을 내가 아노라 우리가 너희를 심히 두려워하고 이 땅 백성이 다 너희 앞에 간담이 녹나니"(2:9) 이스라엘의 역사 속에 함께 하시는 하나님의 능력을 알기 때문에 여리고성 사람이 두려워했습니다. 인간의 능력이 아무리 강해도 하나님의 능력 앞에는 아무것도 아닙니다. "너희는 그들을 두려워하지 말라 너희 하나님 여호와 그가 너희를 위하여 싸우시리라 하였노라"(신3:22)

사람의 영혼이 하나님의 나라에 가는 것이 행복입니다. 이 땅에 살면서 어떤 사람은 젊어서 죽고 어떤 사람은 70세, 80세에 가지만 중요한 것은 천국에 가는 것입니다. 행함 있는 믿음이 능력 있는 믿음입니다. 성령이 역사하는 행위에는 초자연적인 능력이 나타납니다. 말씀 따라 살아가는 것이 거룩한 삶입니다.

2. 하나님이 주신 땅을 차지하려면 순종과 장애를 극복하는 믿음이 있어야 합니다.

농부에게는 농사할 땅과 씨를 주셨습니다. 땅을 얻었다고 다 된 것은 아닙니다. 땅을 얻었으면 김 메는 수고와 씨 뿌리고 열심히 거름 주고 일하는 수고가 있어야 합니다. 그 후에야 열매를 거두는 큰 기쁨이 있습니다. 인간 본성이 원하는 대로 살면 삶이 어그러지게 되어있습니다. 택한 백성인 이스라엘 백성은 하나님께 땅을 받았습니다. 그러나 그 땅을 차지하는 데는 큰 장애물이 있었습니다. 여리고성은 종려나무가 있고 물이 있고 꽃의 향기가 있는 곳입니다. 이스라엘 백성의 힘으로는 도저히 정복할 수 없는 견고한 성입니다. 그러나 하나님의 약속을 받은 눈이 있으면 그 성에 들어갈 수 있습니다. 우리도 신앙생활 하다가 하나님이 허락했음에도 이스라엘 백성이 여리고성을 만나듯 고민할 때가 있습니다. 가정문제, 주의 일, 자녀교육, 지역복지, 지역복음화, 때로는 암으로 신음하는 성도들의 모습을 보면서 여리고성을 보는 여호수아의 심정이 되기도 합니다. 여리고의 군사들이 지키고 요새를 만들어 외부 사람이 들어올 수 없도록 문을 굳게 잠거 버린 넓은 땅을 어떻게 차지할 것인가를 고민할 때가 있습니다. 그러나 해낼 수 있습니다. 문이 안 열리면 성을 무너뜨려서라도 여리고성을 차지 할 것입니다.

영적으로 인간의 마음이 여리고성처럼 학문, 물질, 권력, 부패와 자존심으로 성을 쌓아 아무도 들어오지 못하도록 굳게 닫고 있는 교만한 사람도 있습니다. 인간으로는 할 수 없습니다만 하나님이 하시면 하루아침에 변화시킬 수 있습니다. 지금도 교만의 벽을 쌓아 올리고 거짓과 위선의 벽, 자존심과 허영으로 쌓아 올린 벽을 성령의 능력으로 무너뜨려야 하나님이 주시는 참 기쁨을 가지고 살 수 있습니다.

여리고는 꼭 무너져야 합니다. 여리고는 가나안을 정복하는데 꼭 필요한 곳이요, 들어가는 길목입니다. 가나안 백성들이 총동원해서 방어하려했던 곳이고 여기에서의 실패는 가나안 정복의 실패를 의미합니다. 그러나 가나안 군대의 총공세에도 이스라엘 백성은 한 사람도 희생을 치루지 않았습니다. 이유는 혈육의 싸움을 하지 않고 하나님의 방법으로 하였기 때문입니다. 이곳에서 창을 들고 공격했다면 어떻게 되었겠습니까? 성령에 정복당하면 성령의 사람입니다. 마귀에게 정복당하면 마귀의 사람입니다. 환경이 아무리 어려워도 하나님의 은혜만 있으면 그 일은 해결이 됩니다. 하나님은 우리에게 복을 약속했습니다. 우리 앞에 놓인 장애물은 극복하지 못할 것이 아무것도 없습니다.

3. 장애를 극복하고 승리하는 것은 하나님의 방법으로 접근해야 합니다.

법궤 중심으로 행하고 6일 동안에는 한 바퀴, 7일에는 일곱 바퀴 돌고 나팔 불었습니다. "이에 백성은 외치고 제사장들은 나팔을 불매 백성이 나팔 소리를 듣는 동시에 크게 소리질러 외치니 성벽이 무너져 내린지라 백성이 각기 앞으로 나아가 성에 들어가서 그 성을 취하고 성 중에 있는 것을 다 멸하되 남녀 노유와 우양과 나귀를 칼날로 멸하니라"(6:20-21) 인간의 이성을 넘어 순종해야 합니다. 성을 돌고 적의 기를 죽이고 말씀 중심으로 언약궤를 따르고 잠잠하고 나팔을 불고 부르짖는 것입니다.

문제가 있으면 염려하지 말고 기도하고 말씀에 순종해야 합니다. "아무 것도 염려하지 말고 오직 모든 일에 기도와 간구로, 너희 구할 것을

감사함으로 하나님께 아뢰라 그리하면 모든 지각에 뛰어난 하나님의 평
강이 그리스도 예수 안에서 너희 마음과 생각을 지키시리라"(빌4:6-7)

하나님이 주신 복은 그냥 받는 것이 아니라 노력하고 순종해서 받습
니다. "우리가 너희와 함께 있을 때에도 너희에게 명하기를 누구든지 일
하기 싫어하거든 먹지도 말게 하라 하였더니"(살후3:10)라는 말씀이 있
습니다. 일용할 양식을 주시겠다는 약속은 일하는 것을 전제로 하고 있
습니다. 예수님 믿는 사람이 게으르면 안 됩니다. 여리고성을 이스라엘
백성에게 주신 것은 순종의 행위를 통해서 완성시키십니다.

✳ ✳ ✳

사랑하는 성도 여러분! 우리에게는 행복과 구원이 허락되었습니다.
그것을 얻는 방법은 하나님과의 관계와 사람과의 관계의 회복이요, 순종
의 삶입니다. 홍해도 택한 백성의 앞길을 막을 수 없었습니다. "모세가
백성에게 이르되 너희는 두려워 말고 가만히 서서 여호와께서 오늘날 너
희를 위하여 행하시는 구원을 보라 너희가 오늘 본 애굽 사람을 또 다시
는 영원히 보지 못하리라 여호와께서 너희를 위하여 싸우시리니 너희는
가만히 있을지니라"(출14:13-14) 우리는 그리스도께서 이겨 놓은 싸움을
싸우는 것입니다. 승리하면서 행복의 정원으로 나아가게 될 것입니다.
여호와께서 주신 능력을 온전히 믿고 살기를 기원합니다.

믿음의 자녀 통해 받는 구원

"여호수아가 기생 라합과 그 아비의 가족과
그에게 속한 모든 것을 살렸으므로
그가 오늘날까지 이스라엘 중에 거하였으니
이는 여호수아가 여리고를 탐지하려고 보낸 사자를 숨겼음이었더라"(6:25)

오월은 가정의 달입니다. 계절로 보아도 생명이 왕성하고 활동이 가장 활발한 때입니다. 꽃들이 만발한 장미의 계절이며, 계절의 여왕이라고도 불리는 좋은 달입니다. 자연 속에서는 동 식물의 노래가 있는 아름다움이 넘쳐나는 큰 기쁨의 달입니다. 저는 오늘 우리의 가정이 오월처럼 되기를 기대하면서 가정의 달 첫 주일 설교를 합니다.

본문을 통해 가정을 죽음 가운데서 구원한 라합의 가정을 소개하려고 합니다. 여리고성에 라합이란 여인이 살았습니다. 그 여인은 기생입니다. 그의 집은 성벽 위에 만들어져 있었습니다. 이스라엘 백성 가운데서 뽑힌 정탐군들이 라합의 집에 들어갔습니다. 라합은 하나님이 이스라엘 백성과 함께 하시는 줄 믿고 그들을 도왔습니다. 그것이 하나님을 기쁘게 하는 행위입니다. 라합의 도움으로 정탐군들이 여리고성을 정탐하고 무사히 여호수아에게로 돌아왔습니다. 돌아온 군사를 통해 라합의 선행이 이스라엘 군대 가운데 알려졌습니다. 또 정탐군은 여리고성을 멸할 때 구원을 약속했고, 라합도 그들의 말을 믿었습니다. 이스라엘 백성이 자신을 알아볼 수 있도록 약속대로 붉은 줄을 내렸습니다. 그 결과 여리고성에 있는 모든 사람들이 죽임을 당할 때 라합의 가정만은 살아남아 이스라엘 백성 가운데 거하게 되었습니다.

라합은 젊은 여자라 살몬과 결혼하여 보아스를 낳았습니다. 보아스는 이방 여인 룻을 알아보고 아내로 택한 사람입니다. 하나님을 바라보고 인간의 선입견을 넘어 넓은 사랑을 했습니다. "살몬은 라합에게서 보아스를 낳고 보아스는 룻에게서 오벳을 낳고 오벳은 이새를 낳고 이새는 다윗 왕을 낳으니라 다윗은 우리야의 아내에게서 솔로몬을 낳고"(마1:5-6) 라합은 예수님의 족보에 오른 복 있는 여인이 되었습니다.

하나님의 말씀은 행복과 복의 조건을 환경이나 기능에 두고 있지 않습니다. 오직 하나님과의 관계에서 온다고 말씀하셨습니다. "여호와를 경외하며 그 도에 행하는 자마다 복이 있도다 네가 네 손이 수고한대로 먹을 것이라 네가 복되고 형통하리로다 네 집 내실에 있는 네 아내는 결실한 포도나무 같으며 네 상에 둘린 자식은 어린 감람나무 같으리로다 여호와를 경외하는 자는 이같이 복을 얻으리로다 여호와께서 시온에서 네게 복을 주실지어다 너는 평생에 예루살렘의 복을 보며 네 자식의 자식을 볼지어다 이스라엘에게 평강이 있을지로다"(시128:1-6) 우리의 고정관념에는 자신의 혈통이나 기능이나 열심이 그 무엇을 할 줄로 생각합니다. 그러나 하나님은 자신을 의지하는 사람에게 생각 밖의 큰 은혜를 입히십니다. 가정이나 개인 그리고 자녀들도 하나님과의 관계를 바르게 맺도록 하면 유익한 사람, 행복의 창조자가 될 것입니다.

1. 라합은 기생이었지만 좋은 자녀였습니다.

어떤 민족이나 나라에서도 기생을 자녀로 둔 사람을 보고 자녀를 잘 키웠다고는 하지 않을 것입니다. 그러나 라합을 키운 부모는 잘 키웠습니다. 비록 신분은 천하고 많은 사람들의 술시중을 들어주고 웃음을 팔고 살았지만 라합의 마음은 하늘에 있었습니다. 때로는 사람 편에서 성공한 사람 같으나 하나님 앞에서는 실패한 사람도 있습니다. 예수님 당시 빌라도나 헤롯은 권력을 잡고 나라를 좌우한 것 같지만 역사 속에 실패자로 기록 되었습니다. 자녀 중에도 공부 잘하고 경제력이 있어 잘하는 것 같지만 부모님의 믿음을 약하게 하는 이들은 매우 불행한 사람입니다. 라합은 사람들이 보기에는 실패하고 속 썩이는 딸 같지만 온 가정을 구원하는 딸입니다. "정탐한 소년들이 들어가서 라합과 그 부모와 그 형제와 그에게 속한 모든 것을 이끌어 내고 또 그 친족도 다 이끌어 내어 그들을 이스라엘 진 밖에 두고"(6:23)

"이 성과 그 가운데 모든 물건은 여호와께 바치되 기생 라합과 무릇 그 집에 동거하는 자는 살리라 이는 그가 우리의 보낸 사자를 숨겼음이니라"(6:17) 라합은 여리고성 사람들 편에서 보면 용서 못할 사람입니다.

원수인 이스라엘 사람들 편에 선 죄가 있습니다. 우리나라로 말하면 국가보안법에 저촉이 된 것입니다. 여리고성에서 살면서 자기 민족을 버린 철저한 배신자입니다. 그러나 하나님 편에서 보면 보호 받을 자요, 또 그에게 속한 자가 다 살아남을 만한 가치가 있는 자로 평가되어 온 가정이 여리고의 멸망 가운데서 구원받았습니다.

좋은 자녀는 하나님의 능력을 믿고 택한 백성을 보호하는 이들입니다. 그리고 부모님을 예수 그리스도에게로 인도하는 자녀입니다. 부모님 편에서 좋은 자녀로 양육하는 것은 "또 아비들아 너희 자녀를 노엽게 하지 말고 오직 주의 교양과 훈계로 양육하라"(엡6:4)는 말씀을 순종하는 것입니다. 하나님의 말씀으로 자녀를 키우는 것이 아이를 반석 위에 세우는 것입니다. "그러므로 누구든지 나의 이 말을 듣고 행하는 자는 그 집을 반석 위에 지은 지혜로운 사람 같으리니 비가 내리고 창수가 나고 바람이 불어 그 집에 부딪히되 무너지지 아니하나니 이는 주초를 반석 위에 놓은 연고요"(마7:24-25) 비가 오고 창수가 난다고 낙심치 말고 하나님의 말씀의 교훈으로 양육하시길 바랍니다.

2. 믿음 있는 자녀가 자신과 가문을 빛냅니다.

믿음 있는 라합이 부모, 형제, 친지를 죽음에서 구원했습니다.

믿음 있는 다윗이 이스라엘을 전쟁에서 승리하게 했습니다. 사울 왕이 이스라엘의 왕이 되었습니다. 왕이 된 후 제사장 사무엘과의 관계가 좋지 않았습니다. 사울은 자신의 지혜와 신분을 통해 환경을 이기려고 했습니다. 그 때 블레셋이 쳐들어 왔습니다. 골리앗이 나타남으로 인하여 아무도 그 사람 앞에 나타날 수가 없었습니다. 그 때 하나님의 능력을 믿는 다윗이 골리앗과 싸우기 위해 준비했습니다. "다윗이 곁에 섰는 사람들에게 말하여 가로되 이 블레셋 사람을 죽여 이스라엘의 치욕을 제하는 사람에게는 어떠한 대우를 하겠느냐 이 할례 없는 블레셋 사람이 누구관대 사시는 하나님의 군대를 모욕하겠느냐"(삼상17:26) 다윗의 의분을 들은 그의 장형 엘리압이 "나는 네 교만과 네 마음의 완악함을 아노니 네가 전쟁을 구경하러 왔도다"(삼상17:28하)라며 혈육까지도 다윗 속에 역사하는 영의 역사를 인정하지 않았습니다. 그러나 다윗은 믿음의 행위를 중단하지 않았습니다. 다윗은 사울 왕을 위로 했습니다. "다윗이 사울에게 고하되 그를 인하여 사람이 낙담하지 말 것이라 주의 종이 가서 저 블레셋 사람과 싸우리이다"(삼상17:32)

다윗은 신앙의 체험이 있었습니다. "내가 따라가서 그것을 치고 그 입에서 새끼를 건져 내었고 그것이 일어나 나를 해하고자 하면 내가 그 수염을 잡고 그것을 쳐 죽였나이다 주의 종이 사자와 곰도 쳤은즉 사시는 하나님의 군대를 모욕한 이 할례 없는 블레셋 사람이리이까 그가 그 짐승의 하나와 같이 되리이다"(삼상17:35-36) 그 후 다윗의 믿음의 행위가 성공하여 골리앗이 다윗에 의해 무너졌습니다. 그리고 이새의 가문에서 이스라엘의 왕이 나오게 되었습니다.

믿음의 사람은 나라를 부강하게 합니다. 믿음의 사람은 가문을 빛냅니다. 믿음의 사람은 상대를 위로할 여유가 있습니다. 믿음의 사람은 택한 백성을 지킵니다. 자녀가 성공하길 원하면 믿음을 키워주고 하나님을 경외하는 것을 보여주는 부모님이 좋은 부모님이라고 성경이 말씀하고 있습니다.

3. 믿음 있는 자녀가 부모와 친지를 행복하게 합니다.

"여호수아가 기생 라합과 그 아비의 가족과 그에게 속한 모든 것을 살렸으므로 그가 오늘날까지 이스라엘 중에 거하였으니 이는 여호수아가 여리고를 탐지하려고 보낸 사자를 숨겼음이었더라"(6:25) 여리고성에는 많은 자녀들이 있었습니다. 그러나 그들에게 부모님과 가족을 구원할 기회가 오지 않았습니다. 그러나 라합에게는 왔습니다. 정탐군이 자신의 집에 들어온 것이 은혜요 복이었습니다. 바꾸어 말하면 우리가 예수님을 믿고 교회 나온 것이 다른 사람이 받지 못한 특별한 은혜를 받은 것입니다. 이 은혜를 받았으니, 다시 지식에 행위가 동반 하도록 해야 합니다. 구원은 은혜로 예수 그리스도를 믿음으로 받습니다. "율법 안에서 의롭다 함을 얻으려 하는 너희는 그리스도에게서 끊어지고 은혜에서 떨어진 자로다"(갈5:4)

또한 행함은 믿음을 완성시킵니다. "영혼 없는 몸이 죽은 것 같이 행함이 없는 믿음은 죽은 것이니라"(약2:26) 어린이 주일을 맞이하여 자녀를 어떤 사람으로 키워야 될 것인가를 고민하며 기도해야 합니다. 믿음으로 키우면 세상을 이길 것입니다. 그러나 세상의 기능을 중심으로 가르치면 타협과 세속의 물이 빨리 들 것입니다. 그러나 믿음으로 키우면 분별력이 있을 것입니다. 잘 속하게 될 것입니다. 장래를 내다보는 지혜가 있어 현재의 고난과 핍박이 있어도 좁은 길을 택할 것입니다. 바벨론에 포로로 잡혀 갔던 다니엘과 세 친구들은 이방나라의 문화를 거스르면서 신앙을 지키고 하나님의 능력으로 세상에서도 성공했습니다.

＊＊＊

사랑하는 성도 여러분! 자녀를 사랑하시면 말씀을 가르치십시오. 그

것만이 자녀를 위한 길입니다. 엘리 제사장은 하나님보다 자녀를 더 사랑해서 제물을 드리기 전에 성물을 먹는 것을 용납했습니다. 그 결과 모든 자녀와 함께 비참한 최후를 맞았습니다. 실패를 보았습니다. 하나님의 날, 하나님의 것, 하나님이 계셔야 될 자리에 누가 자리 잡고 있습니까? 하나님께 온전히 순종하는 성도가 되길 기원합니다.

성결케 하여
내일을 기다리라

여호수아 7:11-15

"그러므로 이스라엘 자손들이 자기 대적을 능히 당치 못하고
그 앞에서 돌아섰나니 이는 자기도 바친 것이 됨이라
그 바친 것을 너희 중에서 멸하지 아니하면 내가 다시는 너희와 함께 있지 아니하리라
너는 일어나서 백성을 성결케 하여 이르기를 너희는 스스로 성결케 하여 내일을 기다리라
이스라엘의 하나님 여호와의 말씀에 이스라엘아 너의 중에 바친 물건이 있나니
네가 그 바친 물건을 너의 중에서 제하기 전에는 너의 대적을 당치 못하리라"(7:12-13)

하나님은 이스라엘 백성에게 여리고성을 정복하는 복을 주셨습니다. 여호수아는 여리고성안에 있는 모든 것을 다 멸했습니다. "성 중에 있는 것을 다 멸하되 남녀 노유와 우양과 나귀를 칼날로 멸하니라"(6:21) 그러나 믿음있는 라합은 구원하였습니다. 여리고성 정복은 이스라엘 백성에게 큰 은혜요, 복이었습니다. 하나님은 복된 환경만 주신 것이 아니

라 그 환경 속에서 어떻게 행할 것을 가르쳐 주셨습니다. 전쟁을 하다가 점령군이 되면 많은 물건을 얻게 됩니다. 이번 미국과 이라크의 전쟁도 보니 미국 병사가 은행을 들어가는 이들을 붙잡고 노략하는 모습을 보았습니다. 그들은 그 돈을 개인적으로 가질 수가 없습니다.

여호수아가 여리고성을 점령하고 많은 물건을 이스라엘 하나님께 바치게 했습니다. "은금과 동철 기구들은 다 여호와께 구별될 것이니 그것을 여호와의 곳간에 들일지니라"(6:19) 이 물건을 잘못 관리하면 큰 화를 만난다고 하셨습니다. '바친 후에 그 바친 어느 것이라도 취하면 화를 당할까봐 두려워하노라' 라고 했습니다. 하나님은 말씀대로 전쟁에서 승리케 하셨습니다. 그러나 여호수아가 염려했던 대로 이스라엘 백성 가운데 도적질하는 사람이 생겼습니다. "유다 지파 세라의 증손 삽디의 손자 갈미의 아들 아간이 바친 물건을 취하였음이라"(7:1) 이 일로 여호와의 진노가 이스라엘 백성에게 임했습니다. 그 사건을 알지 못한 여호수아는 아이 성을 치기 위해 군대를 동원했습니다. 그리고 정탐군을 보내어 정탐하고 삼천 명을 보내어 아이 성을 공격하여 점령하라고 했습니다.

그러나 여호수아의 작전은 실패였습니다. "아이 사람이 그들의 삼십륙 인쯤 죽이고 성문 앞에서부터 스바림까지 쫓아와서 내려가는 비탈에서 쳤으므로 백성의 마음이 녹아 물 같이 된지라"(7:5) 36명의 사망자가 생기고 백성의 사기도 땅에 떨어졌습니다. 이 일로 통해 여호수아는 하나님께 기도했습니다. "여호수아가 옷을 찢고 이스라엘 장로들과 함께 여호와의 궤 앞에서 땅에 엎드려 머리에 티끌을 무릅쓰고 저물도록 있다가"(7:6) 여호수아는 옷을 찢었습니다. 회개하는 자세입니다. 여호와의 궤 앞에서 엎드렸습니다. 하나님을 향한 마음입니다. 장로들과 함께 하나님께 엎드렸습니다. 저물도록 기도했습니다. "여호수아가 가로되 슬프도소이다 주 여호와여 어찌하여 이 백성을 인도하여 요단을 건너게 하시고 우리를 아모리 사람의 손에 붙여 멸망시키려 하셨나이까 우리가 요단 저 편을 족하게 여겨 거하였더면 좋을 뻔하였나이다"(7:7) "가나안 사람과 이 땅 모든 거민이 이를 듣고 우리를 둘러싸고 우리 이름을 세상에서 끊으리니 주의 크신 이름을 위하여 어떻게 하시려나이까"(7:9)

여호수아의 기도에 하나님은 응답하셨습니다. 실패의 원인을 알게 하셨습니다. 문제를 알면 해결의 길이 있습니다.

1. 하나님의 언약을 어긴 사람이 있다고 했습니다.

"이스라엘이 범죄하여 내가 그들에게 명한 나의 언약을 어기었나니 곧 그들이 바친 물건을 취하고 도적하고 사기하여 자기 기구 가운데 두었느니라 그러므로 이스라엘 자손들이 자기 대적을 능히 당치 못하고 그 앞에서 돌아섰나니 이는 자기도 바친 것이 됨이라 그 바친 것을 너희 중에서 멸하지 아니하면 내가 다시는 너희와 함께 있지 아니하리라"(7:11-12) 하나님은 죄인에게 승리를 안겨 주시지 않습니다. 구약 요나서에도 보여주셨습니다. 범죄한 요나가 탄 배에 있는 모든 사람들이 고생했습니다.

사랑하는 성도 여러분! 하나님의 말씀을 어긴 것이 있습니까? 실패의 원인을 성경 속에서 찾으시길 바랍니다.

2. 대적을 이기려면 성결케 되어야 한다고 했습니다.

"너는 일어나서 백성을 성결케 하여 이르기를 너희는 스스로 성결케 하여 내일을 기다리라 이스라엘의 하나님 여호와의 말씀에 이스라엘아 너의 중에 바친 물건이 있나니 네가 그 바친 물건을 너의 중에서 제하기 전에는 너의 대적을 당치 못하리라"(7:13) 취한 물건을 제하기 전에는 승리할 수 없다고 했습니다. "그러므로 너희가 회개하고 돌이켜 너희 죄 없이 함을 받으라 이같이 하면 유쾌하게 되는 날이 주 앞으로부터 이를 것이요"(행3:19)

세상을 이기고, 자신을 이기고, 마귀의 권세를 이기려면 하나님의 능력을 가져야 합니다. 여호수아 당시의 여리고성 승리도 하나님의 능력으로 이루어진 것입니다. 하나님께 범죄하면 아무도 보호할 수 없습니다. 하나님이 버린 자를 사람이 붙잡아줄 수 없고 하나님께 징계 받는 사람은 누구도 그 사람을 도와줄 수 없습니다.

오늘날 우리도 죄를 회개해야 합니다. 가치관과 지식이 병들었습니다. 하나님은 잘못된 이스라엘 백성을 보시고 탄식했습니다. "하늘이여 들으라 땅이여 귀를 기울이라 여호와께서 말씀하시기를 내가 자식을 양육하였거늘 그들이 나를 거역하였도다 소는 그 임자를 알고 나귀는 주인의 구유를 알건마는 이스라엘은 알지 못하고 나의 백성은 깨닫지 못하는도다 하셨도다 슬프다 범죄한 나라요 허물진 백성이요 행악의 종자요 행위가 부패한 자식이로다 그들이 여호와를 버리며 이스라엘의 거룩한 자를 만홀히 여겨 멀리하고 물러갔도다 너희가 어찌하여 매를 더 맞으려고 더욱더욱 패역하느냐 온 머리는 병들었고 온 마음은 피곤하였으며 발바닥에서 머리까지 성한 곳이 없이 상한 것과 터진 것과 새로 맞은 흔적뿐이어늘 그것을 짜며 싸매며 기름으로 유하게 함을 받지 못하였도다"(사1:2-6)

우리나라도 바른 가치관을 가져야 합니다. 부모 같은 교장 선생님과 며느리 같은 선생님의 불화도 따지고 보면, 과거 선생님이었을 때 교육의 본질을 모르고 이상주의에 빠진 결과입니다. 남자가 가장으로서의 권위를 잃어버리고, 가정이 혼란함 가운데 있습니다. 인생은 나이가 들면서 더 귀하게 되는데 오히려 미성숙의 상태가 인기가 있어 노인이 천대를 받으니 세상이 거꾸로 가고 있습니다. 이것이 말세의 징조입니다. 우리나라도 하나님이 가르쳐 주신 삶의 원리를 생각하며 스스로 성결케 되어야 할 것입니다.

3. 죄인을 들어내시고 멸하시는 하나님이십니다.

죄의 삯은 사망이요 실패입니다. 아간이 지은 죄는 물건을 훔치는 것을 넘어서 하나님의 언약을 어긴 것입니다. 하나님의 권위에 도전하는 행위입니다. 에덴동산에서 선악과를 따먹은 것은 단순히 과일을 먹은 것이 아니라 하나님께 불순종한 죄입니다. 언약에 속한 사람은 그 언약을 벗어나면 절대로 대적을 이길 수가 없습니다. "그러므로 이스라엘 자손들이 자기 대적을 능히 당치 못하고 그 앞에서 돌아섰나니 이는 자기도 바친 것이 됨이라 그 바친 것을 너희 중에서 멸하지 아니하면 내가 다시는 너희와 함께 있지 아니하리라"(7:12) 라고 하셨습니다. 이스라엘 백성에게 하나님이 함께 하심으로 홍해도, 광야 40년의 생활도 했는데 하나님이 함께 하시지 않는다고 하시니 얼마나 불행합니까?

사랑하는 성도 여러분! 여러분과 하나님이 함께 하십니까? 하나님께서 함께 하셔야 환경을 이깁니다. 하나님이 함께 하셔야 자신을 이깁니다. 또한 우리는 이 땅에서 사치와 돈 사랑하는 마음을 이겨야 합니다. 아간은 여기에서 졌습니다. "그러나 지족하는 마음이 있으면 경건이 큰 이익이 되느니라 우리가 세상에 아무것도 가지고 온 것이 없으매 또한 아무것도 가지고 가지 못하리니 우리가 먹을 것과 입을 것이 있은즉 족한 줄로 알 것이니라 부하려 하는 자들은 시험과 올무와 여러가지 어리석고 해로운 정욕에 떨어지나니 곧 사람으로 침륜과 멸망에 빠지게 하는 것이라 돈을 사랑함이 일만 악의 뿌리가 되나니 이것을 사모하는 자들이 미혹을 받아 믿음에서 떠나 많은 근심으로써 자기를 찔렀도다"(딤전6:6-10)

아간은 이스라엘 백성이 드린 것을 도적질하여 자신의 장막 은밀한 곳에 숨겼어도 하나님은 알고 계셨습니다. 죄인이 있는 곳에는 함께 한 사람이 피해를 입습니다. 군대가 죽고 지도자 여호수아가 탄식하게 됩니다. "아침에 너희는 너희 지파대로 가까이 나아오라 여호와께 뽑히는 지파는 그 족속대로 가까이 나아올 것이요 여호와께 뽑히는 족속은 그 가족대로 가까이 나아올 것이요 여호와께 뽑히는 가족은 각 남자대로 가까이 나아올 것이며"(7:14) 이스라엘 백성을 제비뽑게 하고 아간이 뽑히게 했습니다. 사람의 마음과 환경을 지배하시는 하나님이심을 보여 주는 사건입니다. "바친 물건을 가진 자로 뽑힌 자를 불사르되 그와 그 모든 소유를 그리하라 이는 여호와의 언약을 어기고 이스라엘 가운데서 망령된 일을 행하였음이라 하셨다 하라"(7:15) 하나님은 아간의 소유나 가족을 아끼지 않았습니다.

지혜로운 자는 재앙이 자신에게 임하기 전에 회개하고 새롭게 되어야 합니다. 아무리 숨기려 해도 숨겨지지 않습니다. 아무리 무언가 하려해도 죄가 있으면 잘 해낼 수가 없습니다. 아무리 미인이고 학벌, 부, 권력이 있어도 영혼이 죄로 인해 죽어 있다면, 하나님과 단절되었다면 그는 사람으로 별 가치가 없습니다. 그러나 의를 행하다가 세상 악법에 잘못 걸려서 죄인으로 스데반처럼 돌에 맞아 죽어도 조금도 부끄러울 것이 없습니다. 지금도 회교국가나 공산국가에서는 기독교인들이 순교를 당하고 있습니다. 그리스도인들의 순교는 영생으로 가는 길이나 죄의 결과로 받는 것은 매우 불행한 것입니다.

아간은 어떤 가장입니까? "여호수아가 이스라엘 모든 사람으로 더불어 세라의 아들 아간을 잡고 그 은과 외투와 금덩이와 그 아들들과 딸들과 소들과 나귀들과 양들과 장막과 무릇 그에게 속한 모든 것을 이끌고 아골 골짜기로 가서"(7:24) 아버지의 잘못된 행위가 아들, 딸, 가축 등을 죽음의 골짜기로 가게 만들었습니다.

＊＊＊

5월을 더욱 아름답게, 좋은 자녀로, 좋은 가장으로, 좋은 스승으로 모두를 살리는 곳으로 갑시다. 하나님의 큰 사랑의 법에 우리의 마음을 담구고 실패가 있으면 가르치고, 실패의 원인을 찾아 마음 속, 가정 속에 깊이 뿌리내린 아간의 요소를 밖으로 내 보내고 실패를 성공으로 바꾸는 여러분이 되시길 주의 이름으로 축원합니다.

이 성읍을
네 손에 주리라

> "여호와께서 여호수아에게 이르시되
> 네 손에 잡은 단창을 들어 아이를 가리키라 내가 이 성읍을 네 손에 주리라
> 여호수아가 그 손에 잡은 단창을 들어 성읍을 가리키니
> 그 손을 드는 순간에 복병이 그 처소에서 급히 일어나
> 성읍에 달려 들어가서 점령하고 곧 성읍에 불을 놓았더라"(8:18–19)

사람이 살다보면 시행착오를 많이 할 때가 있습니다. 세상에서도 자기의 위치에 따라 누구의 말을 들어야 할까라는 갈등을 할 때가 있습니다. 자기 위치를 잊어버리면 나중에 할 말이 없어지고 큰 실패를 하게 됩니다. 하나님의 특별하신 역사로 이스라엘 백성은 여리고성을 점령했습니다. 그 후에 아이 성을 쳐야 되는 상황이 되었습니다. 여리고성을 친 후

에 이스라엘 백성 중에 하나님의 언약을 어기고 하나님 앞에 범죄한 사람이 생겼습니다. 바로 실패의 씨가 이스라엘 백성 속에 떨어진 것입니다. 그러나 여호수아는 그것을 알지 못하고 아이 성을 치기 위하여 준비하였습니다. 그래서 아이 성을 정탐하고 돌아 온 사람들의 보고대로 백성 중 삼천 명을 동원하여 아이 성에 보냈습니다. 그러나 아이 성 전쟁에서는 완전히 패했습니다. 36명이 죽고 그들 앞에서 완전히 도망 나왔고 백성들의 사기도 떨어졌습니다.

실패를 경험한 여호수아가 하나님을 향하여 기도를 했습니다. 장로들도 함께 여호와의 궤 앞에서 땅에 엎드려 머리에 티끌을 무릅쓰고 저물도록 기도했습니다. 기도할 때 여호와께서 여호수아에게 "일어나라 어찌하여 이렇게 엎드렸느냐" 그리고 "이스라엘이 범죄하여 내가 그들에게 명한 나의 언약을 어기었나니 곧 그들이 바친 물건을 취하고 도적하고 사기하여 자기 기구 가운데 두었느니라"(7:11)고 말씀하십니다.

1. 기도하는 여호수아에게 실패의 원인을 알려주고 있습니다.

"이스라엘 자손들이 자기 대적을 능히 당치 못하고 그 앞에서 돌아섰나니 이는 자기도 바친 것이 됨이라 그 바친 것을 너희 중에서 멸하지 아니하면 내가 다시는 너희와 있지 아니하리라"(7:12) 여호와의 언약을 어겼으므로 과거에는 이겼지만 그 실패를 깨끗하게 청산하지 아니하면 미래에는 실패한다는 말씀을 하신 것입니다. 그렇다면 더 이상 이스라엘 백성은 승리를 기대할 수 없습니다. 그래서 하나님은 여호수아에게 승리의 비결을 가르쳐 주셨습니다. "너는 일어나서 백성을 성결케 하여 내일을 기다리라 … 네가 그 바친 물건을 너의 중에서 제하기 전에는 너의 대적을 당치 못하리라"(7:13) 이 말씀을 들은 여호수아는 아침에 일어나서 여러 지파를 불러 제비를 뽑음으로 죄인을 찾아내었습니다. 아간이 뽑혔습니다.

그때 여호수아가 아간에게 "내 아들아 청하노라 이스라엘의 하나님 여호와께 영광을 돌려 그 앞에 자복하고 네 행한 일을 내게 고하라 그 일을 내게 숨기지 말라"(7:19)고 합니다. 여기에서 여호수아와 아간의 관계는 '내 아들아'라는 표현을 쓴 것을 보면 굉장히 밀접한 관계로 보여집니다. 그리고 아간에게 영광을 하나님께 돌리고 자복하라고 합니다. 아간은 여호수아에게 "참으로 나는 이스라엘 하나님 여호와께 범죄하여"라고 합니다. 그의 고백에 보면 "시날 산의 아름다운 외투 한 벌과 은 이백 세겔과 오십 세겔 중의 금덩이 하나를 보고 탐내어 취하였나이다. 보소서 이제 그 물건들을 내 장막 가운데 땅속에 감추었는데 은은 그 밑에 있나이다"(7:21)라고 합니다. 그 고백을 들은 여호수아가 사자들을 보내서 아간의 장막에 갔습니다. 여호수아가 이스라엘 모든 사람으로 더불어 세라의 아들 아간을 잡고 그 은과 외투와 금덩이와 그 아들들과 딸들과 소들과 나귀들과 양들과 장막과 무릇 그에게 속한 모든 것을 돌로 치고 불살랐습니다.

여기에서 하나님의 법은 때로는 굉장히 무섭고 엄한 것을 알 수가 있습니다.

2. 하나님 앞에 괴롭게 하는 사람은 가정을 괴롭게 하는 사람입니다.

하나님의 말씀을 불순종하는 사람은 교회를 어렵게 하는 사람입니다.

죄가 있는 곳에는 항상 거기에 속한 모든 사람이 괴롭힘을 당합니다. 자기 나름대로 잘했다고 하지만 결국은 속한 사람을 괴롭히는 사람이 있습니다. 아간은 재물에 대한 욕심으로 자기만을 좋게 한 것이 이스라엘 백성 전체를 괴롭히는 일을 하게 된 것입니다. 하나님의 백성을 괴롭히는 그를 돌로 치고 불살라 버렸습니다. 아골 골짜기에 버린 것입니다.

범죄 한 백성에게는 지도자에게도 문제가 있습니다. 하나님의 음성을 듣는 것보다는 사람의 말을 듣고 있는 모습을 봅니다. 백성이 죄를 범하면 지도자가 때로는 분별력을 상실할 때가 있습니다. 아이 성을 치기 전에 여호수아는 하나님의 음성을 들어야 했습니다. 그런데 아이 성을 칠 때 정탐군의 말을 들었습니다. 아이 성을 칠 때는 기도하지 않았습니다. 하나님의 음성을 들었다면 여호수아는 실패하기 전에 죄를 찾아냈을 것인데 실패한 후에 환경 안에서 기도하게 되고 실패를 인하여 하나님의 음성을 듣게 된 것입니다. 여호수아가 최선을 다하지 않은 것이 실패의 원인이 된 것입니다.

아이 성 실패의 사건은 우리가 오늘날에도 많이 체험하고 있습니다. 과거 승리했으니까 지금도 되겠지 하는 안일함이 있습니다. 환경을 보고 사람의 말을 듣고 시작을 했다가 많은 어려움과 낭패를 당할 때가 있습니다.

죄를 없앤 결과 하나님은 다시 한번 기회를 주었습니다. 여호와께서 여호수아에게 "두려워 말라 놀라지 말라 군사를 다 거느리고 일어나 아이로 올라가라 보라 내가 아이 왕과 그 백성과 그 성읍과 그 땅을 다 네 손에 주었노니"(8:1)라고 했습니다. 하나님의 위로가 있었습니다. 죄가 해결된 곳에는 하나님의 위로가 있습니다. 그리고 하나님은 하나님의 지혜로 적을 이길 수 있도록 하셨습니다. 그리고 여리고성을 칠 때는 모든 물건을 여호와께 드리라고 했지만 아이 성을 칠 때는 취한 물건은 스스로 취하라고 했습니다. 여리고성을 취할 때와는 달랐습니다. 아이 성을 칠 때는 노력한 만큼 그곳의 가축을 가질 수 있다고 본문은 말을 하고 있습니다. 그래서 군사 삼만명 가량을 뽑아서 아이 성으로 올라갔습니다. 최선을 다했습니다. 사람이 보기에는 삼천 명만 올라가면 아이 성을 쳐부술 줄 알았지만 삼만 명을 보내야 된다는 것을 여기에서 보여 주고 있습니다.

3. 사람이 보기에는 작게 보이지만 하나님이 보시기에는 크게 보이는 것이 있습니다.

사람이 보시기에는 아무것도 아닌 것처럼 보일 때가 있지만 하나님이 보시기에는 큰 것이 있습니다. 반대로 사람이 보기에는 재물이나 명예가 크게 보이지만 하나님이 보시기에는 그 모든 것보다 사람의 영혼이 크게 보입니다. 사람이 보기에는 대통령과 장관이 크게 보이지만 하나님이 보기에는 기도하는 사람이 크고 하나님의 종들과 성도들이 크게 보입니다. 우리는 하나님께서 주시는 가치관을 가지고 살아야 합니다.

아이 성을 치러 올라 갈 때 전투의 지혜를 가지게 합니다. "여호수아가 아침에 일찌기 일어나서 백성을 점고하고 이스라엘 장로들로 더불어 백성 앞에 아이로 올라가매"(8:10) 그들은 성읍 앞에 가까이 이르러 아이 북편에 진 치니 이스라엘과 아이 사이에는 한 골짜기가 있었습니다. 오천 명 가량을 택하여 성읍 서편 벧엘과 아이 사이에 매복시켰습니다. 이와 같이 성읍 북편에는 온 군대가 있고 성읍 서편에는 복병이 있었고 여호수아가 그 밤에 골짜기 가운데로 들어갔습니다. 아이 왕이 이를 보고 성읍 백성과 함께 일찌기 일어나서 급히 나가 아라바 앞에 이르러 정한 때에 이스라엘과 싸우려 하고 성읍 뒤에 복병이 있는 줄을 알지 못했습니다. 여호수아와 온 이스라엘이 그들 앞에서 거짓 패하여 광야 길로 도망했습니다. 그러나 그들은 거짓으로 도망 와서 아이 성 사람을 유인하여 성에서 멀리 나오게 한 것입니다. 아이 성 사람들은 신이 났습니다. 그들은 성문을 열어 놓고 이스라엘 사람들을 따랐습니다. 여호수아가 그 때 손에 든 단창을 들어 아이를 가리켰습니다. 여호수아가 손을 드는 순간에 복병이 처소에서 급히 일어나 성읍에 달려 들어가서 점령하고 곧 성읍에 불을 놓았습니다. 이 때 아이 성 사람이 뒤를 돌아본 즉 그 성읍에 연기가 하늘에 닿은 것이 보이니 이 길로도 저 길로도 도망할 수 없이 되었고 광야로 도망하던 이스라엘 백성은 그 따르던 자에게로 돌아섰습니다. 대승을 하였습니다. 아이 성에 있는 많은 사람이 죽었습니다. "그날에 아이 사람의 전부가 죽었으니 남녀가 일만 이천이라"(8:25)

아이 성의 거민을 진멸하기까지 여호수아가 단창을 잡아 든 손을 거두지 아니하였습니다. 오직 그 성읍의 가축과 노략한 것은 여호와께서 여호수아에게 명하신 대로 이스라엘이 탈취하였습니다. 그리고 그 왕은 저녁때까지 나무에 달았다가 해질 때에 명하여 그 시체를 나무에서 내려 그 성문 어귀에 던지고 그 위에 돌로 큰 무더기를 쌓았더니 그것이 오늘까지 있더라고 했습니다.

우리에게 주는 큰 교훈이 있습니다. 무슨 일을 할 때 환경에 의해 좌우되는 인생을 의지하지 말라는 것입니다. 거기에 좌우되면 결국은 실패합니다. 사람의 지혜는 하나님 앞에는 아무 것도 아닙니다. 사람은 종이 한 장 너머에 있는 것도 모릅니다. 또한 하나님께 범죄한 사람은 어떤 사람에게도 위로 받을 수 없다는 것입니다. 여호수아가 아무리 살려 주고 싶어도 아간을 살려 줄 수 없었습니다. 살려 주면 민족에게 큰 위기가 오기 때문입니다. 교회 안에서 범죄하고 성령을 거스리면 안됩니다. 내일의 성공과 승리를 원하시면 가정 안에서 잘못하는 것을 그냥 두면 안 됩니다. 하나님의 것을 하나님께 드리고 욕심을 버리면 그 이상의 것을 주신다는 것을 성경을 통해서 알 수가 있습니다.

＊＊＊

사랑하는 성도 여러분! 아이 성의 실패와 성공에는 분명한 하나님의 계획이 있습니다. 우리는 사업을 시작하든지 결혼을 하든지 무엇을 하든지 간에 하나님 앞에 언약을 지키고 있는지를 기억하고 기도하고 결정하시길 바랍니다. 그리하면 실패하기 전에 실패의 요소를 찾아낼 수 있습니다. 아이 성을 치는 승리가 여러분의 삶에도 있기를 주의 이름으로 축원합니다.

15 하나님의 말씀을 들으라

"그 후에 여호수아가 무릇 율법책에 기록된 대로
축복과 저주하는 율법의 모든 말씀을 낭독하였으니
모세의 명한 것은 여호수아가 이스라엘 온 회중과 여인과
아이와 그들 중에 동거하는 객들 앞에
낭독하지 아니한 말이 하나도 없었더라"(8:34-35)

가정의 달 오월을 뒤로 하고 호국 보훈의 달 유월이 다가왔습니다. 시대와 날들이 이렇게 조용히 물처럼 흘러갑니다. 흐르는 세월 속에 인생도 유행도 젊음도 지나갑니다. 만나는 것 같은데 헤어지고 행복해지다가도 불행해집니다. 생활이 좋다고 했더니 시련의 그림자가 엄습해 와서 염려와 걱정의 늪에 빠져 아우성치는 이들도 있습니다. 이 땅에서만 행

복을 추구하는 인생은 잠시도 평안의 날이 없습니다. 육신적으로 살아가는 모든 것이 문제투성이니까 말입니다. 비행기를 타려고해도 추락이 무섭고, 외국에 가려하면 사스가 무섭고, 음식을 먹는데도 늘 불안해하는 이가 있습니다. 그러나 내세를 믿고 하나님의 능력을 믿는 사람은 모든 것을 맡기고 평안해 합니다. 이 땅에서 오래 살면 주의 일 많이 하고, 일찍 가면 그 나라에서 영원히 누리니, 사나 죽으나 전능자 안에서 소망이 있음을 믿을 뿐입니다.

전쟁의 소식과 불경기의 소식이 매일 아침 우리 귓전에 들려와도 염려가 되지 않는 것은 전쟁의 주인은 하나님이시고, 일하는 자에게 일용할 양식을 주신다고 했으니 생활이 힘들어도 걱정은 없는 것이 아닙니까? 죄 짐 지고 가는 인생은 슬픔과 고민뿐이나, 예수 그리스도 안에서 죄 짐을 벗고 성령의 열매를 주렁주렁 맺는 자로 행복을 노래하기를 바랍니다.

이스라엘 백성이 홍해를 건너서 광야 생활을 할 때 하나님은 택한 백성이 가나안에 들어가 지킬 법을 모세를 통해 주셨습니다. 이스라엘 백성의 일거일동은 하나님의 계획 속에서 이루어집니다. 에발산은 사마리아에 위치한 해발 900m 정도의 산입니다. 남쪽 맞은 편에는 그리심산이 있습니다. 이 두 산은 축복과 저주를 선포한 산입니다. 에발산은 아이 성 북쪽 32km 지점에 있습니다. 하나님의 말씀을 항상 기억하는 이스라엘 백성의 지혜를 오늘을 살아가는 우리도 닮게 되기를 바랍니다.

여호수아는 여리고성을 점령하고 아이 성을 두 번째 공격해서 승리를 거두었습니다. 전쟁의 승리는 교만과 기쁨을 맛보게 합니다. 역사적으로나 현실적으로 보면 모든 것이 잘된 후에 신앙이 올라가는 사람이나 단체가 별로 없었습니다. 신앙이 좋고 겸손한 사람도 잘되면 교만하고 자기운동하고 인본으로 하는 이가 적지 않습니다. 승리 후에 믿음을 키워야 합니다. 승리한 후 가나안을 들어가면서 여호수아가 한 세 가지 운동이 있습니다.

1. 하나님 앞에 번제와 화목제를 드렸습니다.

"때에 여호수아가 이스라엘의 하나님 여호와를 위하여 에발산에 한 단을 쌓았으니"(8:30) 이스라엘 백성들은 여호와께 번제와 화목제를 드렸습니다. 번제란 온전히 불살라 하나님께 희생을 드리는 제사를 말합니다. 하나님이 홍수로 인류를 심판하신 뒤 구원의 방주에서 나온 노아가 제일 먼저 드린 제사가 번제입니다.

화목제란 보답, 응답의 의미를 가진 자원제이며, 경배자가 하나님과의 화목을 위해서 드리는 제사입니다. 주님의 십자가가 영원한 화목제가 됩니다. 이로 말미암아 위로는 하나님과 아래로는 이웃과의 화목이 이루어집니다. 가정 형편에 따라 드리며 감사제, 서원제 ,낙헌제 등 세 종류가 있었습니다. 중요한 것은 제물은 회막 문 앞에서 잡아야 하며 피는 제단 사면에 뿌리고 기름은 태웠다는 점입니다. 이스라엘 백성과 하나님과의 관계를 화목시키는 운동입니다. 예수 그리스도가 우리의 죄를 위해 제물이 되었음을 믿는 것이 제일 먼저입니다. 믿는 것 자체가 축복의 기본입니다. 가정에서 자녀가 아버지의 보호받으려면 아버지를 인정해야 합니다. 그리고 아버지의 권위 아래로 들어가야 합니다. 그리고 순종해야 합니다. 그와 같이 아버지가 원하는 것이 무엇인지를 알아야합니다. "믿음은 바라는 것들의 실상이요 보지 못하는 것들의 증거니 선진들이 이로써 증거를 얻었으니라 믿음으로 모든 세계가 하나님의 말씀으로 지어진 줄을 우리가 아나니 보이는 것은 나타난 것으로 말미암아 된 것이 아니니라 믿음으로 아벨은 가인보다 더 나은 제사를 하나님께 드림으로 의로운 자라 하시는 증거를 얻었으니 하나님이 그 예물에 대하여 증거하심이라 저가 죽었으나 그 믿음으로써 오히려 말하느니라" (히11:1-4)

믿음이 있어야 하나님을 기쁘게 할 수 있습니다. 하나님은 예배 받으시길 원하십니다. 제단이 회복되시길 원하십니다. 새벽기도회복, 가정예배회복, 공동예배에 참석하고 경건하게 되어야 합니다. 가나안에서 행복을 원하면 먼저 예배회복을 해야 합니다.

2. 율법을 이스라엘 자손의 목전에서 기록하고 축복하였습니다.

"여호수아가 거기서 모세의 기록한 율법을 이스라엘 자손의 목전에서 그 돌에 기록하매 온 이스라엘과 그 장로들과 유사들과 재판장들과 본토인뿐 아니라 이방인까지 여호와의 언약궤를 멘 레위 사람 제사장들 앞에서 궤의 좌우에 서되 절반은 그리심산 앞에, 절반은 에발산 앞에 섰으니 이는 이왕에 여호와의 종 모세가 이스라엘 백성에게 축복하라고 명한 대로 함이라" (8:32-33)

하나님은 하나님의 말씀이 당대뿐 아니라 후대까지 알려지고 지켜지기를 원하십니다. 구약성경과 신약성경이 구전뿐 아니라 기록되어 오늘날까지 내려 왔습니다. 하나님의 살아계신 역사가 기록된 것이 성경입니다. 하나님은 세상에 많은 사람들이 창조주의 말씀에 순종하기를 원하십니다. 온 이스라엘과 그 장로들과 유사들과 재판장들과 본토인뿐 아니라 이방인까지 언약궤 중심으로 좌우에 서기를 원하십니다. 하나님의 말씀은 두 가지로 선포되었습니다. 그리심산에서는 축복이 전파되었습니다.

에발산에서는 저주가 선포되었습니다. 축복의 말씀도 하시고 저주의 말씀도 하셨습니다. 상급과 징계가 함께 있었습니다.

신명기 28장에 보면 복과 저주를 함께 말씀하셨습니다. 하나님의 말씀을 듣고 지켜 행하면 세계 모든 민족 위에 뛰어난다고 했습니다. 하나님의 말씀에 순종하면 성읍에서도 들에서도 몸의 소생, 소산, 짐승, 광주리가 들어가도 나가도 복을 받는다고 했습니다. "네 대적들이 일어나 너를 치려하면 여호와께서 그들을 네 앞에서 패하게 하시리니 그들이 한 길로 너를 치러 들어왔으나 네 앞에서 일곱 길로 도망하리라 여호와께서 명하사 네 창고와 네 손으로 하는 모든 일에 복을 내리시고 네 하나님 여호와께서 네게 주시는 땅에서 네게 복을 주실 것이며 네가 네 하나님 여호와의 명령을 지켜 그 길로 행하면 여호와께서 네게 맹세하신 대로 너를 세워 자기의 성민이 되게 하시리니 너를 여호와의 이름으로 일컬음을 세계 만민이 보고 너를 두려워하리라 여호와께서 네게 주리라고 네 열조에게 맹세하신 땅에서 네게 복을 주사 네 몸의 소생과 육축의 새끼와 토지의 소산으로 많게 하시며 여호와께서 너를 위하여 하늘의 아름다운 보고를 열으사 네 땅에 때를 따라 비를 내리시고 네 손으로 하는 모든 일에 복을 주시리니 네가 많은 민족에게 꾸어 줄찌라도 너는 꾸지 아니할 것이요 여호와께서 너로 머리가 되고 꼬리가 되지 않게 하시며 위에만 있고 아래에 있지 않게 하시리니 오직 너는 내가 오늘날 네게 명하는 네 하나님 여호와의 명령을 듣고 지켜 행하며 내가 오늘날 너희에게 명하는 그 말씀을 떠나 좌로나 우로나 치우치지 아니하고 다른 신을 따라 섬기지 아니하면 이와 같으리라"(신28:7-14)

그뿐 아니라 말씀을 듣지 않으면 저주가 임한다고 했습니다. "네가 성읍에서도 저주를 받으며 들에서도 저주를 받을 것이요 또 네 광주리와 떡반죽 그릇이 저주를 받을 것이요 네 몸의 소생과 네 토지의 소산과 네 우양의 새끼가 저주를 받을 것이며 네가 들어와도 저주를 받고 나가도 저주를 받으리라 네가 악을 행하여 그를 잊으므로 네 손으로 하는 모든 일에 여호와께서 저주와 공구와 견책을 내리사 망하며 속히 파멸케 하실 것이며 여호와께서 네 몸에 염병이 들게 하사 네가 들어가 얻을 땅에서 필경 너를 멸하실 것이며 여호와께서 폐병과 열병과 상한과 학질과 한재와 풍재와 썩는 재앙으로 너를 치시리니 이 재앙들이 너를 따라서 너를 진멸케 할 것이라"(신28:16-22)

택한 백성 가운데서도 하나님의 말씀을 떠나면 불행하게 된다고 했습니다. 하나님이 모세를 통해 전파하고 정해놓은 복과 저주의 곳으로 우리는 선택하게 됩니다. 하나님의 뜻을 알지 못하면 잘 하려는 마음이 있어도 할 수 없으므로 우리는 성경을 읽고 배우기에 최선을 다해야 될 것입니다.

3. 하나님의 말씀을 온전히 낭독한 이후 수아졌습니다.

"그 후에 여호수아가 무릇 율법책에 기록된 대로 축복과 저주하는 율법의 모든 말씀을 낭독하였으니 모세의 명한 것은 여호수아가 이스라엘 온 회중과 여인과 아이와 그들 중에 동거하는 객들 앞에 낭독하지 아니한 말이 하나도 없었더라"(8:34-35)

이스라엘 백성이 하나님께 축복을 받는 것은 말씀을 알아야 합니다. 그러므로 여호수아는 말씀을 낭독했습니다. 하나님과의 관계와 인간과의 관계를 그리고 축복의 말씀과 저주의 말씀을 함께 전했습니다. 우리는 말씀을 들어야 하는 대상에 속해 있습니다. 이스라엘의 온 회중, 여인과 아이들, 그들 중에 동거하는 객들 앞에 낭독했습니다. 하나님의 말씀 낭독은 여호수아의 의무입니다. 그와 같이 믿음 안에서 제사장된 우리 모두의 의무입니다. 가정, 직장, 사회 모든 분야에서도 하나님의 말씀이 전파되어야 합니다.

도로에 노랑선이 표시되어 있습니다. 넘어가지 말라는 표시입니다. 그것이 없으면 교통위반도 알 수 없고 사고가 많이 날 것입니다. 또 법이 없다면 질서가 없을 것이고 그렇다면 선한 사람이 피해를 볼 것입니다. 그러므로 하나님은 이스라엘 백성을 보호하기 위해 율법을 주셨습니다. 율법이 있는 곳에 죄가 보여지고 그리스도의 보혈의 은혜가 나타납니다. "모든 성경은 하나님의 감동으로 된 것으로 교훈과 책망과 바르게 함과 의로 교육하기에 유익하니 이는 하나님의 사람으로 온전케 하며 모든 선한 일을 행하기에 온전케 하려 함이니라" (딤후3:16-17)

✳ ✳ ✳

믿는 사람이 온전해지고 세상의 소금과 빛이 되며 행복하게 되는 것은 하나님의 말씀을 알아야 합니다. 말씀을 잘 배워야 성도입니다. 남에게 유익을 주지 못하는 자는 양의 우리에 염소입니다. 우리는 예배를 회복하고 말씀을 바르게 깨닫고 헌신적인 삶을 살게 될 것입니다. 수고한 사람들이 누리게 될 것입니다. 오늘도 지혜자가 되어 아버지의 큰사랑 안에 있기를 축원합니다.

지도자를 위하여 기도하라

여호수아 9:3-15

> "무리가 그들의 양식을 취하고
> 어떻게 할 것을 여호와께 묻지 아니하고
> 여호수아가 곧 그들과 화친하여 그들을 살리리라는 언약을 맺고
> 회중 족장들이 그들에게 맹세하였더라"(9:14-15)

사람에게는 만남과 환경이 매우 중요합니다. 믿음이 좋은 긍정적인 사람을 만나고 오면 마음이 평안하고, 믿음이 없고 부정적인 사람을 만나고 오면 마음이 무겁습니다. 지혜자는 보이는 것만 보는 것이 아니라 안 보이는 것을 보고 자기 생각을 말하기 전에 상대를 배려하고 상대가 실수라고 생각되는 것도 깨달을 때까지 기다리나, 미련한 자는 조급하여 자신

의 어리석음을 드러내 보입니다. 여호수아가 인도하는 이스라엘 백성은 하나님의 능력을 입었습니다. 여리고를 점령하고 아이 성도 정복했습니다. 그리고 에발산과 그리심산에서 번제와 화목제를 드렸습니다. 그리고 모두가 하나님의 법궤 앞에서 한마음으로 한 법을 지킬 것을 다짐했습니다. 그리고 하나님이 모세를 통하여 주신 율법을 낭독했습니다. "모세의 명한 것은 여호수아가 이스라엘 온 회중과 여인과 아이와 그들 중에 동거하는 객들 앞에 낭독하지 아니한 말이 하나도 없었더라"(8:35)

본문에는 여호수아가 시련을 만나는 모습을 봅니다. 후손들이 기브온 사람들로 인해 적잖은 고통을 당하는 씨를 남기게 되는 사건을 봅니다. 여호수아가 요단강을 건너 여리고와 아이 성을 점령했습니다. 그 성에 있는 모든 사람들을 멸한 것이 가나안 일곱 족속에게까지 들렸습니다. 그들이 가진 땅도 이스라엘 백성이 차지해야 할 땅입니다. 하나님이 이스라엘 백성에게 준 땅입니다. "네 하나님 여호와께서 너를 인도하사 네가 가서 얻을 땅으로 들이시고 네 앞에서 여러 민족 헷 족속과 기르가스 족속과 아모리 족속과 가나안 족속과 브리스 족속과 히위 족속과 여부스 족속 곧 너보다 많고 힘이 있는 일곱 족속을 쫓아내실 때에 네 하나님 여호와께서 그들을 네게 붙여 너로 치게 하시리니 그 때에 너는 그들을 진멸할 것이라 그들과 무슨 언약도 말 것이요 그들을 불쌍히 여기지도 말 것이며 또 그들과 혼인하지 말지니 네 딸을 그 아들에게 주지 말 것이요 그 딸로 네 며느리를 삼지 말 것은 그가 네 아들을 유혹하여 그로 여호와를 떠나고 다른 신들을 섬기게 하므로 여호와께서 너희에게 진노하사 갑자기 너희를 멸하실 것임이니라 오직 너희가 그들에게 행할 것은 이러하니 그들의 단을 헐며 주상을 깨뜨리며 아세라 목상을 찍으며 조각한 우상들을 불사를 것이니라"(신7:1-5)

하나님은 이방인이 자신의 백성과 섞여 살면 그들로 인하여 속화되는 것을 아심으로 언약하지 말라고 했습니다. 결혼도 하지 말라고 했습니다. 그러나 가나안 일곱 족속은 살기 위해 노력을 해야 될 때가 되었습니다. 가나안 거민 중에 기브온 사람들은 매우 강한 백성입니다. 그러나 그들은 여호수아가 인도해 오는 이스라엘 백성과 싸우면 이길 수 없다고 판단을 내렸습니다. 어떻게 하든지 여호수아와 화친하려는 방법을 선택했습니다. 그렇게 되려면 먼 곳에 있다고 해야 된다는 것도 알았습니다.

1. 좋은 지도자도 속이려는 사람에게는 속을 수밖에 없습니다.

기브온은 자신들이 가나안 땅에 있는 백성이 아니라 먼 곳에서 온 것을 증명해야 했습니다. 다시 말하면 여호수아를 속여야 했습니다. "기브온 거민들이 여호수아의 여리고와 아이에 행한 일을 듣고 꾀를 내어 사신의 모양을 꾸미되 해어진 전대와 해어지고 찢어져서 기운 가죽 포도주 부대를 나귀에 싣고 그 발에는 낡아 기운 신을 신고 낡은 옷을 입고 다 마르고 곰팡이 난 떡을 예비하고 그들이 길갈 진으로 와서 여호수아에게 이르러 그와 이스라엘 사람들에게 이르되 우리는 원방에서 왔나이다 이제 우리와 약조하사이다"(9:3-6) "또 우리가 포도주를 담은 이 가죽 부대도 새 것이더니 찢어지게 되었으며 우리의 이 옷과 신도 여행이 심히 길므로 인하여 낡아졌나이다 한지라"(9:13)

여호수아는 기브온 사람들이 가져온 것들을 확인한 후 언약을 맺게 하였습니다. "무리가 그들의 양식을 취하고 어떻게 할 것을 여호와께 묻지 아니하고 여호수아가 곧 그들과 화친하여 그들을 살리리라는 언약을 맺고 회중 족장들이 그들에게 맹세하였더라"(9:14-15) 여호수아는 하나님께 묻지 아니하고 결정했습니다. 다른 사람과 언약을 맺는 일에 하나님께 묻지 않았다는 것은 하나님의 종의 신분을 벗어난 것입니다. 하나님의 권위 안에서 벗어난 행동입니다. 종이 주인에게 묻지 않고 주인집 아들의 장래를 결정하는 것과도 같습니다.

성도 여러분! 혹시 여러분이나 제가 하나님의 말씀을 벗어나 자신의 판단대로 하고 있지는 않습니까? 여호수아는 자신의 주관대로 결정한 그것이 유익하다고 생각했기 때문에 속고 말았습니다. 그러나 인간의 판단과 하나님의 판단은 아주 다릅니다. 여호수아가 3일만 기다렸다면 되었을 텐데 너무 조급하게 결정했습니다. 때로 조급하게 행동하는 것은 어리석은 것입니다. 사단은 눈에 보여주고 귀에 들려주고 조급하게 결정을 요구합니다. 그럴 때일수록 깊은 기도가 필요할 때입니다.

아무리 미운 사람이 있어도 하나님을 생각하면 사랑의 대상일 뿐입니다. 정말 믿지 못할 사람 같지만 예수님 편에서 보면 용서해야 될 사람입니다. 창으로 옆구리를 찌르는 군병들도 알지 못해 행하는 것으로 알고 아버지께 중보기도를 올려 드려야 할 대상임을 알게 합니다. 부모님은 공경의 대상, 부부는 사랑의 대상, 이웃은 자신 보다 낮게 여겨야 할 대상입니다.

2. 신앙이 같아야 행복합니다.

하나님의 말씀은 진리입니다. 하나님의 말씀은 절대로 변하지 않습니다. 어떠한 환경에서도 그 말씀은 성취됩니다. "내 입에서 나가는 말도 헛되이 내게로 돌아오지 아니하고 나의 뜻을 이루며 나의 명하여 보낸 일에 형통하리라"(사55:11) 인간은 현실에 약합니다. 아담과 하와도 사단의 유혹에 넘어 갔습니다. 선악과를 따먹은 것은 전적으로 자기 판단이었습니다. 그 결과 행복한 환경인 낙원을 잃었습니다. 결혼할 때도 하나님의 말씀을 떠나서 하는 분들이 있습니다. "너희는 믿지 않는 자와 멍에를 같이 하지 말라 의와 불법이 어찌 함께하며 빛과 어두움이 어찌 사귀며"(고후6:14) 믿지 않는 사람과 멍에를 같이하지 말라고 했는데 자신의 판단대로 함으로 후회합니다. 부부는 신앙이 같아야 행복합니다. 사단이 에덴동산에도 찾아 왔듯이 우리의 가정에도 올 수 있습니다. 하나님의 말씀을 떠난 결정을 요구할 때가 있습니다.

솔로몬의 뒤를 이어 아들 르호보암이 왕이 되었습니다. 그는 어수선한 나라를 잘 통치하기를 원했습니다. 그 당시에 백성들은 새로 왕위에 오른 르호보암에게 부친 솔로몬이 지운 멍에를 가볍게 해 달라고 다음과 같이 간청했습니다. "왕의 부친이 우리의 멍에를 무겁게 하였으나 왕은 이제 왕의 부친이 우리에게 시킨 고역과 메운 무거운 멍에를 가볍게 하소서 그리하시면 우리가 왕을 섬기겠나이다"(왕상12:4) 르호보암은 이와 같은 백성의 요구를 듣고 삼일 후에 대답해 주기로 한 후 두부류, 즉 노인들과 젊은이들과 의논을 했습니다.

"르호보암 왕이 그 부친 솔로몬의 생전에 그 앞에 모셨던 노인들과 의논하여 가로되 너희는 어떻게 교도하여 이 백성에게 대답하게 하겠느뇨 대답하여 가로되 왕이 만일 오늘날 이 백성의 종이 되어 저희를 섬기고 좋은 말로 대답하여 이르시면 저희가 영영히 왕의 종이 되리이다"(왕상12:6-7) 정치 경험이 풍부한 원로들은 백성을 먼저 생각하라고 했습니다. "백성의 종이 되어" 섬길 것을 가르치며 좋은 대답을 하라고 권고 했습니다.

또 젊은 소년들과의 의논한 내용도 있습니다. "함께 자라난 소년들이 왕께 고하여 가로되 이 백성들이 왕께 고하기를 왕의 부친이 우리의 멍에를 무겁게 하였으나 왕은 우리를 위하여 가볍게 하라 하였은즉 왕은 대답하기를 나의 새끼손가락이 내 부친의 허리보다 굵으니 내 부친이 너희로 무거운 멍에를 메게 하였으나 이제 나는 너희의 멍에를 더욱 무겁게 할찌라 내 부친은 채찍으로 너희를 징치하였으나 나는 전갈로 너희를 징치하리라 하소서"(왕상12:10-11) "나의 새끼손가락이 내 부친의 허리보다 굵으니"하며 왕을 부친보다 더 강한 사람이라는 것을 강조했습니다. "너희의 멍에를 더욱 무겁게 할찌라 내 부친은 채찍으로 너희를 징치하였으나 나는 전갈로 너희를 징치하리라"라고 했습니다. 채찍은 육체의 고통을 주는 것입니다. 전갈은 생명을 위협하는 독벌레입니다.

르호보암은 자신과 같은 또래의 말을 듣고 사람을 사랑으로 통치하지 않고 권력으로 백성을 짓눌렀습니다. 그로 인하여 나라를 둘로 갈라지게 되었습니다.

3. 성경을 읽어야 보이지 않는 것을 보는 지혜가 생깁니다.

하나님의 말씀인 성경 이상도 이하도 없습니다. 그대로 믿는 것입니다. 그때뿐 아니라 지금도 하나님의 뜻을 어기도록 하는 이들이 있습니다. "거짓 선지자들을 삼가라 양의 옷을 입고 너희에게 나아오나 속에는 노략질하는 이리라"(마7:15) 거짓된 것이 나타날 때는 가장 화려하고 아름다운 모습을 가지고 올 수도 있습니다. 겉으로는 양이지만 속에는 이리입니다. 사탄도 광명한 천사로 가장하고 나옵니다. 사단의 일군도 의의 일군으로 가장합니다. "이것이 이상한 일이 아니라 사단도 자기를 광명의 천사로 가장하나니 그러므로 사단의 일군들도 자기를 의의 일군으

로 가장하는 것이 또한 큰 일이 아니라 저희의 결국은 그 행위대로 되리라"(고후11:14-15)

우리가 이땅에서 눈으로 보아서는 도저히 분별할 수 없는 일이 너무 많습니다. 여호수아 편에서 보면 기브온이 가져온 물건을 보면 속지 않을 수 없습니다. 그러나 속지 않는 방법이 하나 있었습니다. 이방인과 언약을 맺지 말라는 경고의 말씀을 생각했다면 되었을 것입니다. 오늘날도 우리에게 불리한 결정을 하게하고 세상으로 빠져들게 하는 것들이 있습니다. 그때마다 신앙을 망하게 하려고 달려드는 것을 이겨야 합니다. "마귀의 궤계를 능히 대적하기 위하여 하나님의 전신갑주를 입으라"(엡6:11) 하나님의 말씀으로 무장하면 그 인생은 절대로 실패하지 않을 것입니다. 조건이 너무 좋으면 함정일 수도 있습니다. 말씀을 잃어버리는 날에 사단의 올무에 걸려듭니다. 사람의 평가와 자기 판단에 의존하면 좋은 날보다 시련이 더 많이 있으나 하나님의 말씀을 의지하면 승리합니다. 하나님께 무릎 꿇고 말씀으로 새롭게 하고 겸손하며 사는 것이 부끄러운 것이 아니라 큰 지혜요, 환란을 피해 가는 지혜이기도 합니다.

✳✳✳

사랑하는 성도 여러분! 인생의 많은 선택의 과정 가운데서 하나님께 묻는 지혜로운 성도가 되시길 축원합니다. 하나님은 우리에게 가장 좋으신 아버지이십니다. 마지막으로 지도자가 바르게 결정하고, 인본이나 환경에 의해 모든 것을 결정하지 않도록 기도하는 지혜가 있기를 바랍니다.

하나님과의 관계를 먼저 생각하는 족장들

여호수아 9:16-27

"보소서 이제 우리가 당신의 손에 있으니
당신의 의향에 좋고 옳은대로 우리에게 행하소서 한지라
여호수아가 곧 그대로 그들에게 행하여
그들을 이스라엘 자손의 손에서 건져서 죽이지 못하게 하니라"(9:25-26)

고슴도치 두 마리가 겨울에 너무 추워서 둘이 끌어안아서 서로의 체온으로 추위를 이기려고 했는데 안으면 안을수록 너무 따가워서 떨어져 자다가 둘 다 얼어 죽었다는 이야기가 있습니다. 서로가 따뜻해야 살수가 있는데 가시처럼 서로 모가 나면 서로가 불편하고 유익하지 않습니다. 부드러워야 서로 살 수가 있습니다. 부부간에도 고슴도치 모양 자존심을 세우면 실패하기 쉽습니다. 다정하고 따뜻해야 매력이 있는 것입니다. 매력은 상대의 모난 모양을 사랑으로 감싸고 기다려주는 것입니다. 세상이 아무리 악해도 부부간에 합심해서 어려움을 극복하면 풀무불 같고 사자굴 같은 세상에서 살아 나오는 기적을 체험합니다.

한 사물을 보는데도 보는 방법에 따라 모습과 느낌이 달라집니다. 또 어떤 가치관을 가지고 보느냐에 따라서 행함과 결단의 차이도 있습니다. 세상적인 입장에서 하나님을 생각하면 아무 일도 하시지 않는 것처럼 보일 때가 있습니다. 그러나 성경의 눈으로 세상을 보면 모두가 하나님의 뜻대로 되는 것임을 알 수 있습니다. 기도하는 사람에게는 기도의 능력을 체험시키시고 그렇지 않은 자는 고아처럼 쓸쓸함 속에서 자신의 무기력함만 깨닫게 될 것입니다.

오늘은 지도자의 실수로 나라가 매우 어수선해진 이스라엘을 바로 잡아가는 모습 속에서 은혜를 받고자 합니다. 하나님은 이스라엘에게 큰 복을 주시고, 젖과 꿀이 흐르는 가나안 땅을 약속하셨습니다. 그 땅에는 가나안 일곱 족속이 살고 있었습니다. 하나님은 그 모든 족속이 우상과 음란에 붙잡혔기 때문에 모두 멸하라 했습니다. 그 말씀대로 여호수아는 가나안 땅을 점령해가고 있습니다. 그때 가나안에 사는 기브온 족속이 여호수아를 찾아와 화친하기를 요구했습니다. 그러나 이스라엘 백성은 가나안에 있는 사람과는 화친할 의사가 조금도 없었습니다. 그것을 예상한 기브온 지도자들은 자신들이 먼 곳에서 사는 사람이라고 했습니다. 몇가지 징표를 보여주자 여호수아는 여호와께 묻지 아니하고 기브온의 의도대로 화친하기로 약속했습니다. 다시 말하면 두 나라의 지도자들이 만나서 공동성명을 발표한 것과 같습니다. "여호수아가 곧 그들과 화친하여 그들을 살리리라는 언약을 맺고 회중 족장들이 그들에게 맹세하였더라"(9:15) 이 언약은 하나님의 말씀을 떠난 언약입니다. 또 기도 없이 행한 언약입니다. 이 일로 족장들과 백성들과의 관계에 문제가 생겼습니다. 백성은 족장들을 원망했고 여호수아의 언약이 잘못된 것이 알려지게 되었습니다.

이 문제를 이스라엘 백성은 어떻게 해결했습니까? 이스라엘의 족장들은 기브온을 해하지 않는 것으로 언약한 것입니다. 이 언약의 특징은 하나님 앞에서 한 것입니다.

1. 이스라엘 백성의 불평의 원인을 바로 알아야 합니다.

"이스라엘 자손이 진행하여 제삼일에 그들의 여러 성읍에 이르렀으니 그 성읍은 기브온과 그비라와 브에롯과 기럇여아림이라 그러나 회중 족장들이 이스라엘 하나님 여호와로 그들에게 맹세한 고로 이스라엘 자손이 그들을 치지 못한지라 그러므로 회중이 다 족장들을 원망하니"(9:17-18) 이스라엘의 백성의 지도자의 안일한 대처와 언약이 백성들에게 손해를 입혔습니다. 이스라엘 백성은 오늘의 교회의 모형입니다. 교회 안에 안 믿는 이들이 함께 공존한다고 해 보십시오. 그들로 인해 자녀도 가족도 백성도 이방문화에 집착함으로 고통을 받을 수 있을 것입니다. 잘잘못을 따진다면 당연히 지도자의 잘못입니다.

책임을 지고 족장들이나 여호수아가 물러가야 될 지도 모릅니다. 그러나 여호수아를 세운 분은 하나님이십니다. 한 번의 잘못된 판단 때문에 백성이 불평한다고 지도자에서 퇴출될 수 없는 것입니다. 그러므로 자신들은 육적으로나 영적으로 인도하는 이들을 위해 기도해야 합니다. 잘못된 결정을 하지 않도록 기도해야 합니다.

사무엘하 24장에 다윗이 인구조사를 하는 내용이 있습니다. 전쟁의 승리는 하나님께 있는데 자기 백성의 힘으로 승리하려는 잘못된 생각을 하는 죄를 범했습니다. 그 결과로 갓 선지자가 다윗을 찾아왔습니다. 다윗이 잘못한 것에 대한 벌 세 가지 중 한 가지를 스스로 선택하도록 했습니다. "갓이 다윗에게 이르러 고하여 가로되 왕의 땅에 칠년 기근이 있을 것이니이까 혹시 왕이 왕의 대적에게 쫓겨 석 달을 그 앞에서 도망하실 것이니이까 혹시 왕의 땅에 삼일동안 온역이 있을 것이니이까 왕은 생각하여 보고 나를 보내신 이에게 대답하게 하소서"(삼하24:13) "왕의 땅에 칠년 기근" "대적에게 쫓기는 벌" "왕의 땅에 삼일 온역" 이중에 다윗은 삼일 온역을 택했습니다. "이에 여호와께서 그 아침부터 정하신 때까지 온역을 이스라엘에게 내리시니 단부터 브엘세바까지 백성의 죽은 자가 칠만 인이라"(삼하24:15) 다윗의 잘못된 결정이 삼일 만에 칠만 명을 죽게 했습니다.

지도자의 결정은 매우 중요합니다. 나라뿐 아니라 사업, 학교, 가정도 그 책임자의 결정이 행복을 좌우합니다. 사랑하는 성도 여러분! 불평의 씨를 심지 말고 바른 길로 가게 되기를 바랍니다.

2. 문제를 하나님 편에서 보고 해결해야 합니다.

"모든 족장이 온 회중에게 이르되 우리가 이스라엘 하나님 여호와로 그들에게 맹세하였은즉 이제 그들을 건드리지 못하리라 우리가 그들에게 맹세한 맹약을 인하여 진노가 우리에게 임할까 하노니 이렇게 행하여 그들을 살리리라 하고"(9:19-20) 족장들은 잘못된 결정에 대한 반응을 보고 자신들의 결정을 굽히지 않았습니다. 여호수아와 족장들의 신앙은 하나님 앞에서 행한 것을 지켜야 한다는 것입니다. 여호와로 맹세하였은즉 "네가 하나님께 서원하였거든 갚기를 더디게 말라 하나님은 우매자를 기뻐하지 아니하시나니 서원한 것을 갚으라 서원하고 갚지 아니하는 것보다 서원하지 아니하는 것이 나으니 네 입으로 네 육체를 범죄케 말라 사자 앞에서 내가 서원한 것이 실수라고 말하지 말라 어찌 하나님으로 네 말소리를 진노하사 네 손으로 한 것을 멸하시게 하랴"(전5:4-6)

우리가 살다보면 사람과 문제만 보입니다. 그러나 주님을 보면 마음에 평안이 있습니다. 혹시 여러분 중에 신앙에 회의가 온 적은 없습니까? 결혼생활 하는데 힘들지는 않습니까? 문제에 붙잡혀 해결방법을 모르고 있습니까? 성경 속에서 해결해 보십시오. 하나님께 서원한 결혼생활을 사랑으로 꽃피우고, 하나님이 주신 건강으로 열심히 일하여 남편의 의무를 다하고, 모성애의 큰 사랑으로 자녀를 잘 돌아보고, 남편을 행복하게 하고 함께 누리는 아내가 되어야 합니다. 사업의 실패로 황충이 계속 붙으면 원인을 찾아 해결해야 합니다. "사람이 어찌 하나님의 것을 도적질 하겠느냐 그러나 너희는 나의 것을 도적질하고도 말하기를 우리가 어떻게 주의 것을 도적질 하였나이까 하도다 이는 곧 십일조와 헌물이라 너희 곧 온 나라가 나의 것을 도적질하였으므로 너희가 저주를 받았느니라"(말3:8-9)

빛이 있어야 문제가 보입니다. 빛이 있어야 길이 보입니다. 진리가 있으면 바른 결정을 할 수 있습니다. 족장들이 하나님 앞에 서원한 것을 먼저 생각하고 백성을 설득함으로 수습이 되었습니다. 하나님을 사랑하는 사람은 상대를 감동시킬 수 있습니다. 하나님은 사랑이십니다. 이기적 사랑이 아닌 이타적인 사랑이십니다. 족장들은 백성들을 설득했을 뿐 아니라 그리고 그들의 잘못된 것에 대한 보응을 주었습니다. "그 날에 여호수아가 그들로 여호와의 택하신 곳에서 회중을 위하며 여호와의 단을 위하여 나무 패며 물 긷는 자를 삼았더니 오늘까지 이르니라"(9:27) 기브온 사람들을 공익을 위해 일하는 사람으로 만들었습니다.

사랑하는 성도 여러분! 여러분 주위에 가족이나 백성, 사업장의 현장에서 불평하는 자가 있습니까? 혹 실패한 부분이 있습니까? 말씀으로 돌아가 문제를 찾아 해결하시길 축원합니다.

3. 좋은 백성은 권위에 순종합니다.

이스라엘 백성 앞에는 해결해야 될 문제가 많이 있었습니다. 자신들을 겁내어 거짓으로 증표를 만들어 사기하듯 화친의 언약을 맺은 기브온이 있었습니다. 이 일로 지도자의 불신이 생겼으나 백성은 지도자들이 하는 일에 순종했습니다. 이 순종은 가나안 여섯 족속과 싸울 수 있는 힘을 얻을 수 있는 사건입니다. 이스라엘 백성은 지도자의 서원을 갚도록 순종했습니다. 좋은 사람은 상대나 지도자가 하나님 앞에 서원한 것을 갚도록 협력합니다.

또한 여호수아 앞에서 기브온의 자세가 주는 교훈이 있습니다. "그들이 여호수아에게 대답하여 가로되 당신의 하나님 여호와께서 그 종 모세에게 명하사 이 땅을 다 당신들에게 주고 이 땅 모든 거민을 당신들의 앞에서 멸하라 하신 것이 당신의 종에게 분명히 들리므로 당신들을 인하여 우리 생명을 잃을까 심히 두려워하여 이같이 하였나이다"(수9:24) 온전히 자신들의 생명을 여호수아에게 맡겼습니다. 이들은 하나님이 말씀대로 이루어지는 것을 믿었습니다. 자신들의 능력을 깨달았습니다. 사람이 자신의 죄성과 부패성을 알면 남을 정죄하지 않을 뿐 아니라 남의 일에 간섭도 하지 않습니다. 기브온 백성은 가나안 여섯 족속과는 달리 자신들의 생명을 여호수아에게 내어 놓았습니다. "보소서 이제 우리가 당신의 손에 있으니 당신의 의향에 좋고 옳은 대로 우리에게 행하소서 한지라"(9:25) 지혜로운 자는 하나님 앞에 자신의 삶 전체를 맡깁니다. 그리고 인위적인 방법으로 하나님의 교회와 그의 백성을 대적하지 않습니다.

✳ ✳ ✳

이 말씀에 힘입어 원망하는 마음을 버리고 내일의 행복을 위해 살아갑시다. 내일이 중요합니다. 우리 모두는 잘못한 경험이 있고 지금도 그것 때문에 갈등하는 분도 있을 것입니다. 내일의 일이 어제 일보다 더 아름답습니다. 과거를 잊어버리고 회개하고 시작하시길 바랍니다. 기브온은 분수를 알고 하나님이 함께 한 여호수아와 백성 앞에 순종했습니다.

사랑하는 성도 여러분, 부부간에 서로 서원한 것을 갚게 하는 좋은 남편과 아내가 되어야 합니다. 성경 속에서 길을 찾는 여러분과 제가 되시길 주의 이름으로 축원합니다.

하나님의 능력을 입은 백성이 되라

여호수아 10:1-11

"여호수아가 모든 군사와 용사로 더불어 길갈에서 올라가니라
때에 여호와께서 여호수아에게 이르시되
그들을 두려워 말라 내가 그들을 네 손에 붙였으니
그들의 한 사람도 너를 당할 자 없으리라 하신지라"(10:7-8)

모든 사람은 누구든지 구원받기를 원합니다. 누가복음 16장에 부자와 거지 나사로의 이야기가 나옵니다. 부자는 호화로이 연락하며 살다가 죽어 장사되었습니다. 현대라면 좋은 음식 먹고, 좋은 동네 고급주택에서 살면서 주일이면 등산, 골프를 치고, 하나님을 멀리 하며 살다가 생명이 다 되어 죽어 고급 리무진 타고, 공원묘지에 홀로 잘 만들어진 곳에 장사

되었다고 할 수 있습니다. 그런데 또 한 사람은 같은 시대에 한 동네에서 가난하게 살다가 장사되었습니다. 그는 돈도 없고 건강도 없어 부자의 집에서 나오는 음식을 먹고 살았지만 주일이면 하나님께 예배를 드리고 예수 그리스도가 자신의 죄를 위해 십자가 지신 것을 믿었습니다. 지금 이라면 실직하고 병들어 험한 음식을 먹고 살았지만, 심령이 살아있어 범사에 감사하며 하나님께 영광을 돌리는 것을 의미합니다. 부자와 거지 의 현실이 겉으로 보기에는 부자는 행복자요, 거지는 불행자로 보입니다. 그러나 두 사람의 영혼을 보면 거지가 훨씬 행복하고 지혜로운 삶을 살았습니다.

며칠 전, 아내에게 물어보았습니다. "작은 차 타고 천국 가는 것이 좋은가, 아주 좋은 차를 타고 지옥 가는 것이 좋은가" 했더니 작은 차 타고 천국 가는 것이 좋다고 했습니다. 또 "60살까지 살다가 천국 가는 것이 좋은가, 90살까지 살다가 지옥 가는 것이 좋은가"를 물었더니 "그것을 왜 물어요? 당연히 천국 가는 것이 좋지요"라고 했습니다. 누구나 말은 이렇게 합니다. 그러나 삶을 보면 물질과 환경, 건강으로 하나님을 멀리 하는 생활을 하는 이들이 너무 많습니다.

본문을 보면 기브온의 선택이 우리에게 주는 교훈이 매우 큽니다. 택 한 백성 여호수아의 군대가 여리고성과 아이성을 멸하고 가나안을 점령 해 오고 있다는 소식을 들었습니다. 그 때 기브온은 여호수아를 속여서 까지 화친을 맺었습니다. 기브온이 화친을 맺은 것은 가나안의 일곱 족 속의 무리 속에서 빠져 나오는 것입니다. 그 결과는 다른 족속에게 크게 미움을 받는 위치에 놓이게 된 것입니다. "내게로 올라와 나를 도우라 우 리가 기브온을 치자 이는 기브온이 여호수아와 이스라엘 자손으로 더불 어 화친하였음이니라 하매 이러므로 아모리 다섯 왕 곧 예루살렘 왕과 헤브론 왕과 야르뭇 왕과 라기스 왕과 에글론 왕이 함께 모여 자기들의 모든 군대를 거느리고 올라와서 기브온에 대진하고 싸우니라"(10:4-5) 기브온은 아모리 다섯 왕에게 대적이 되었습니다. 그 때 기브온은 여호수아에 구원을 요청했습니다. "기브온 사람들이 길갈 진에 보내어 여호수아에게 전언하되 당신의 종들 돕기를 더디게 마시고 속히 우리에게 올라와서 우리를 구조하소서 산지에 거하는 아모리 사람의 왕들이 다 모여 우리를 치나이다 하매 여호수아가 모든 군사와 용사로 더불어 길갈에서 올라가니라"(10:6-7)

여호수아는 지체 없이 도왔습니다. 그 때 하나님은 여호수아와 함께 했습니다. "때에 여호와께서 여호수아에게 이르시되 그들을 두려워 말라 내가 그들을 네 손에 붙였으니 그들의 한 사람도 너를 당할 자 없으리라 하신지라 여호수아가 길갈에서 밤새도록 올라가서 그들에게 갑자기 이르니 여호와께서 그들을 이스라엘 앞에서 패하게 하시므로 여호수아가 그들을 기브온에서 크게 도륙하고 벧호론에 올라가는 비탈에서 추격하여 아세가와 막게다까지 이르니라 그들이 이스라엘 앞에서 도망하여 벧호론의 비탈에서 내려갈 때에 여호와께서 하늘에서 큰 덩이 우박을 아세가에 이르기까지 내리우시매 그들이 죽었으니 이스라엘 자손의 칼에 죽은 자보다 우박에 죽은 자가 더욱 많았더라"(10:8-11) 이와 같이 사건이 그 때 뿐 아니라 현재에도 이루어지고 있습니다. 이 본문을 통해 큰 지혜를 얻게 되시길 기원합니다.

1. 핍박을 각오하고 불신자 속에서 나와야 합니다.

기브온 거민은 가나안 이방 족속 가운데 거했습니다. 그들과 동질의 삶을 살았습니다. 그러나 기브온은 하나님의 능력을 믿고 자신들의 나약함을 인식하고 살 길을 찾은 것입니다. 여호수아에게 무릎을 꿇고 화친하고 이스라엘 백성의 종이 되었습니다. 그러나 이스라엘 백성과 화친하여 대적으로부터 전쟁의 위협을 받게 되었습니다. 과거에 어떤 분이 질문을 했습니다. "나는 예수 믿기를 원합니다. 어릴 때 교회에 나갔습니다. 그러나 믿지 않은 가정으로 결혼을 하여 지금 신앙생활을 못하고 있습니다. 선뜻 교회에 출석하지 못하는 이유가 몇 가지 있습니다. 첫째 내가 교회 다니면 집 안에 두 신을 섬기므로 분쟁이 올 것 같아서입니다. 둘째 조상제사를 못 드림으로 형제들과의 관계가 문제가 될 것입니다. 셋째 지금까지 술, 담배를 하면서 친구를 많이 사귀었는데 그것을 어떻게 떠납니까?" 라고 솔직히 고백을 했습니다. 이 사람에게 대한 성경의 대답은 모든 것을 하나님께 맡기고 믿으라는 것입니다.

기브온의 예를 보면 지금까지 함께 했던 아모리 다섯 왕의 연합군이 기브온을 치기 위해 전쟁을 선포했습니다. 친구가 원수가 된 것입니다. 이와 같은 사건이 신약에도 있습니다. 바울이 예수 믿기 전에는 바리새인들에게 존경을 받았습니다. 그러나 믿은 후에는 그들이 죽이고 싶은 대상이 되었습니다. 바울을 죽이려고 특공대까지 만들어졌습니다. 우리도 예수를 믿음으로 친구가 바꾸어질 때가 있습니다. 가족, 친지들과 친구들로부터 적지 않게 핍박을 해 올 수도 있습니다. 그러나 그것 때문에 지옥에 갈 수는 없습니다. 잘못되었다고 생각되는 때, 어둠의 세상에서 예수 믿는 것이 좋겠다고 믿어지는 순간 결단하시면 성공합니다. "가로되 주 예수를 믿으라 그리하면 너와 네 집이 구원을 얻으리라 하고"(행 16:31)

예수를 믿는 것은 세상을 지배하는 악령들 속에서 나오는 것입니다.

"너희의 허물과 죄로 죽었던 너희를 살리셨도다 그 때에 너희가 그 가운데서 행하여 이 세상 풍속을 좇고 공중의 권세 잡은 자를 따랐으니 곧 지금 불순종의 아들들 가운데서 역사하는 영이라 전에는 우리도 다 그 가운데서 우리 육체의 욕심을 따라 지내며 육체와 마음의 원하는 것을 하여 다른 이들과 같이 본질상 진노의 자녀이었더니"(엡2:1-3) 육체의 욕심을 따라 사는 인간은 마귀의 지배 아래 있습니다. 그러나 회개하고 예수 믿는 사람은 하나님 아래 있습니다. 하나님이 없는 인생은 마귀의 종 되고 하나님 믿는 사람은 마귀를 이기고 새사람으로 삽니다.

2. 택한 백성과 관계가 회복되면 복을 받습니다.

성도는 예수 그리스도의 실력으로 살아갑니다. 예수 그리스도는 하나님의 실력으로 부활, 승천하셨습니다. 기브온은 가나안 땅에서 외톨이가 되었습니다. 여호수아와 이스라엘 백성에게 속했다는 것 때문에 미움을 받습니다. 그러나 기브온은 여호수아에게 도움을 요청했습니다. 그 결과 원수 앞에서 상을 받는 영광을 얻습니다. 여호수아의 관계 회복은 하나님과의 관계 회복을 가져왔습니다. 여호수아와의 화친은 하나님의 은혜를 받는 통로였습니다.

하나님은 사람을 도우실 때 몇 가지 방법을 사용하십니다.

첫째 본인으로 하여금 기도를 시키십니다. 기도는 인위적인 방법으로 되는 것이 아니라 성령의 감동으로 합니다. 하나님이 환경을 동원하여 깊은 기도를 하게 할 때가 있습니다. 다메섹도상에서 바울을 만나 주신 주님이 바울을 깊은 기도를 할 수 있도록 하신 것처럼 말입니다. "주께서 가라사대 일어나 직가라 하는 거리로 가서 유다 집에서 다소 사람 사울

이라 하는 자를 찾으라 저가 기도하는 중이다"(행9:11) 기브온은 "기브
온 사람들이 길갈 진에 보내어 여호수아에게 전언하되 당신의 종들 돕기
를 더디게 마시고 속히 우리에게 올라와서 우리를 구조하소서 산지에 거
하는 아모리 사람의 왕들이 다 모여 우리를 치나이다 하매"(10:6)라고 했
습니다.

둘째 하나님은 사람과 환경을 동원하여 기도하는 사람을 돕습니다.
기브온에게는 여호수아 군대가 도왔습니다. 바울의 목회는 뵈뵈가 도왔
고, 브리스길라와 아굴라 그리고 디모데 등도 도왔습니다. 그뿐 만아니
라 까마귀를 통해 엘리야에게 먹을 것을 주었습니다. 하나님은 하나님께
속한 사람은 어떤 방법으로라도 도와주십니다. 지금도 믿는 사람 편에서
역사 하십니다. 하나님을 믿는 자는 절대로 망하지 않습니다.

3. 하나님의 도움은 인간의 상상을 초월합니다.

"그들이 이스라엘 앞에서 도망하여 벧호론의 비탈에서 내려갈 때에
여호와께서 하늘에서 큰 덩이 우박을 아세가에 이르기까지 내리우시매
그들이 죽었으니 이스라엘 자손의 칼에 죽은 자보다 우박에 죽은 자가
더욱 많았더라"(수10:11) 하나님은 역사의 수레바퀴를 돌릴 뿐 아니라
천재나 인재도 하나님의 손에 있습니다. 하나님이 함께 하시면 아모리
연합군도 이길 수 있습니다. 하나님이 이기게 하십니다. 이 재앙은 하나
님을 대적하는 사람 앞에 있습니다. 하나님의 계획은 사람이 측량할 길
이 없습니다. 그러므로 그 전능하심을 믿고 계속해서 기도해야 합니다.
선한 일이면 포기하지 말아야 합니다. 이스라엘 지역에 우박이 온다는
것은 놀라운 것입니다. 전쟁터에 포환과 같습니다. 지상군의 활동을 막

는 포격이었습니다.

어떤 두 사람이 잘못으로 감옥생활을 했습니다. 한 사람은 아침에 일어나면 하늘을 보고 형무소 창가에서 지저귀는 새 소리를 들었습니다. 하늘에 소리 없어 흘러가는 구름을 보았습니다. 구름 속에서 인생을 흐르게 하시는 분을 보았습니다. 그는 출소되면서 시인이 되었습니다. 그러나 한 사람은 환경만 보았습니다. 배설한 냄새, 구멍으로 들어오는 밥, 운동하려 나와도 함께 하는 죄수들의 거친 말만 들었습니다. 그는 출소되어 정신병자가 되었다고 합니다. 어떤 환경에 사느냐 보다 환경 속에서 어디를 보느냐, 무엇을 생각하느냐가 더 중요합니다. 세상을 보면 낙망할 것이 많지만 우리는 주님을 보고 소망을 가져야합니다.

✳✳✳

사랑하는 성도 여러분! 여러분은 지금 무엇을 보고 있습니까? 무슨 말을 듣고 어떤 환경을 만나고 있습니까? 위기가 왔습니까? 하나님을 바라보십시오. 그리고 전능자의 능력을 믿고 기도하십시오. 문제해결, 전쟁승리, 사람의 생사와 마음을 주관하시는 하나님께 기도하면 됩니다. 여호수아와 함께 하신 하나님께서 여러분과도 함께 하십니다. 할렐루야!

19

태양아 기브온 위에 머무르라

여호수아 10:12-15

"태양이 머물고 달이 그치기를 백성이 그 대적에게 원수를 갚도록 하였느니라
야살의 책에 기록되기를 태양이 중천에 머물러서
거의 종일토록 속히 내려가지 아니하였다 하지 아니하였느냐
여호와께서 사람의 목소리를 들으신 이 같은 날은 전에도 없었고 후에도 없었나니
이는 여호와께서 이스라엘을 위하여 싸우셨음이니라"(10:13-14)

요즘 환경을 보면 위기를 느낄 수밖에 없습니다. 투쟁과 미움, 무질서, 안일무사, 이혼 등을 통해 가정의 위기가 있습니다. 문제를 해결할 대안이 없다고 아우성입니다. 그러나 혼돈과 무질서 속에서라도 여호와의 신이 역사 하시면 소망이 있습니다. "땅이 혼돈하고 공허하며 흑암이 깊음 위에 있고 하나님의 신은 수면에 운행하시니라"(창1:2) 위기는 또

하나의 기회입니다. 한국의 경제적 위기는 다시 영적으로 성장하는 기회가 될 것입니다.

누가복음 15장에 탕자의 비유가 있습니다. 그는 평안할 때 아버지의 품을 떠났습니다. 자신의 분깃을 다 가지고 아버지의 간섭이 없는 곳, 세상으로 갔습니다. 자기 마음에 드는 친구를 사귀면서 허랑방탕하여 그 재산을 허비하였습니다. 오늘 같으면 젊은 애인도 두었을 것이고 고급 양주도 마시며 정욕을 위해 내일을 생각지 않고 살아가는 사람과 같습니다. 카드를 무작정 사용하고 땀 흘리지 않고 수입을 꿈꾸고 경마와 증권에 빠져 있는 사람과 같습니다. 하나님은 아버지를 떠난 탕자에게 흉년을 보내었습니다. 그 흉년은 탕자가 집으로 돌아오는 기회가 되었습니다. 탕자가 사는 곳은 흉년이었지만 아버지 집은 풍족합니다. 탕자는 말하기를 "이에 스스로 돌이켜 가로되 내 아버지에게는 양식이 풍족한 품군이 얼마나 많은고 나는 여기서 주려 죽는구나"(눅15:17) 아버지 밖에서는 죽을 지경이라도 아버지 안에서는 평안과 은혜입니다. 같은 시대를 살아도 하나님을 믿는 사람과 믿지 않는 사람의 누림과 행복은 하늘과 땅만큼의 차이가 있습니다. 이젠 흉년을 맞아 돌아온 탕자를 맞이하기 위해 가슴을 열고 곳간도 열고 용서하는 마음을 가지는 아버지 사랑을 가져야 합니다.

본문을 보면 하나님의 백성과 화친한 기브온 사람들은 아모리 다섯 왕 연합군이 쳐들어 왔습니다. 기브온 사람들은 여호수아에게 도움을 요청했습니다. 도움요청을 받고 여호수아는 밤새도록 올라가서 기브온을 도왔습니다. 그것이 하나님의 뜻입니다. 하나님의 뜻대로 행하는 여호수아에게 "그들을 두려워 말라 내가 그들을 네 손에 붙였으니 그들의 한 사람도 너를 당할 자 없으리라"(10:8)고 말씀을 하셨습니다. 하나님은 다섯 왕이 단합하여 기브온을 치는 전쟁에 이스라엘을 통해 가담하셨습니다.

(ㄱ) 이스라엘 군대를 통해 개입하셨습니다.

(ㄴ) 우박을 통해 개입하셨습니다. 이 우박은 이스라엘 군대와 기브온 사람들에게는 내리지 않았습니다. 택한 백성을 대적하는 이들에게 내렸습니다. 이 우박은 아주 정확하게 적진에게만 내렸습니다. 때로는 전쟁에서 실수로 아군에게도 포를 쏘아서 희생자를 냅니다만 하나님은 실수가 없으십니다.

(ㄷ) 하나님은 태양을 통하여 개입하셨습니다. 전쟁터에 적군이 진지에 들어 오려하면 조명탄을 발사하여 적을 노출시킵니다. 그리고 아군의 활동을 신속하게 하고 공격목표를 잘 관찰할 수 있도록 합니다. "여호와께서 아모리 사람을 이스라엘 자손에게 붙이시던 날에 여호수아가 여호와께 고하되 이스라엘 목전에서 가로되 태양아 너는 기브온 위에 머무르라 달아 너도 아얄론 골짜기에 그리할지어다 하매 태양이 머물고 달이 그치기를 백성이 그 대적에게 원수를 갚도록 하였느니라 야살의 책에 기록되기를 태양이 중천에 머물러서 거의 종일토록 속히 내려가지 아니하였다 하지 아니하였느냐"(수10:12-13)

전쟁이 끝나도록 해가 저물지 않도록 했습니다. 인간의 이성으로는 해석할 수 없는 사건입니다. 우박으로 공격하시고 태양의 운행을 정지시키시는 창조주의 능력을 볼 수 있습니다. 하나님은 역사의 현장에도 증인이십니다. 오늘은 태양을 머무르게 한 말씀을 통해 은혜를 받고자 합니다.

1. 여호수아를 통해 태양을 머무르게 했습니다.

여호수아는 하나님 앞에서 "태양아 너는 기브온 위에 머무르라, 달아 너도 아얄론 골짜기에 그리 할지어다" 라고 명합니다. 하나님은 때로는 자신의 백성을 통해서 기적을 명하게 합니다. 그러자 태양이 머물고 달이 그치기를 백성이 그 대적에게 원수를 갚도록 하였습니다.

하나님은 기도하게 하신 다음에 복을 주십니다. 하나님은 말씀하게 하시고 들어 주십니다. 하나님이 말씀으로 천지를 창조하셨고 지금은 성경 말씀대로 이루시고 계십니다. 당신의 종을 통해 말씀을 전하시고 이루십니다. 기도는 기적을 보게 합니다.

1940년 제2차 세계대전 때 영국군 33만 5천명이 불란서 '단케르크' 해안에서 독일군에게 완전히 포위되어 전멸위기에 처해 있었습니다. 독일은 육해공군을 총동원하여 영국군을 전멸할 계획을 세웠습니다. 이런 급보를 받은 영국의 조지 6세 왕은 전국교회와 온 국민에게 하나님께 기도하자고 호소했습니다. 마침내 기적은 일어났습니다. 독일군 편에 폭풍우가 몰아쳐 짙은 안개가 끼기 시작했습니다. 악천후로 인해 군함도 비행기도 탱크도 꼼짝할 수 없었습니다. 그런데 영국군 측의 '도어버' 해협은 어찌나 잔잔한지 33만 5천명의 전 영국군인은 머리털 하나 상하지 아니하고 철수할 수 있었다는 기록이 있습니다. 그 후 전쟁은 연합군의 승리로 돌아갔습니다. 존 낙스는 "기도하는 한 사람은 일개 군단 보다 더 강하다"라고 했습니다. 후리바크는 "세상문명은 기도에 따라 작정될 것이다"라고 했습니다.

사단은 우리의 노력을 비웃고 지혜를 조롱하지만, 우리가 기도할 때 떠는 것입니다. 우리의 기도가 있는 곳에는 승리와 기쁨이 있습니다. 무엇보다 기도가 있는 교회, 믿음의 소리가 있는 교회와 성도가 되어야할 것입니다.

2. 하나님은 자기 백성의 편에 서 계십니다.

하나님은 여호수아 편에 서 있습니다. 기브온 사람이 여호수아의 종이 됨으로 보호를 받았습니다. 환경과 시대가 어떠한가가 문제가 아니라 내가 여호와의 편에 있느냐 그렇지 않느냐가 문제입니다. 군사적 숫자, 경제력이 문제가 되지 않습니다. 전능하신 하나님을 믿느냐, 믿지 않느냐가 문제입니다.

구약에 '다윗과 골리앗의 싸움'이 있습니다. "다윗이 블레셋 사람에게 이르되 너는 칼과 창과 단창으로 내게 오거니와 나는 만군의 여호와의 이름 곧 네가 모욕하는 이스라엘 군대의 하나님의 이름으로 네게 가노라"(삼상17:45) 싸움의 상대가 되지 않습니다. 그러나 하나님을 의지하는 믿음으로 나아가는 다윗이 이겼습니다. 하나님과의 관계가 회복이 되면 하나님의 능력을 입고 살 수 있습니다. "만군의 하나님 여호와께서 함께 계시니 다윗이 점점 강성하여 가니라"(삼하5:10)

혹시 여러분! 외로움을 느끼십니까? 아무 낙도 없습니까? 중병에 걸렸습니까? 가정이 깨어졌습니까? 신용불량의 위기가 되었습니까? 먼저 주님 안에 있었는지 돌아보십시오. 그리고 철저하게 회개를 해야 합니다. 예수그리스도의 보혈의 능력으로 하나님과의 관계를 회복하십시오. 주님의 약속을 믿으십시오. "내가 너희에게 분부한 모든 것을 가르쳐 지키게 하라 볼찌어다 내가 세상 끝날까지 너희와 항상 함께 있으리라 하시니라"(마28:20)

3. 용기를 가지고 문제 속으로 들어가고 입을 열어 기도합시다.

"여호와께서 아모리 사람을 이스라엘 자손에게 붙이시던 날에 여호수아가 여호와께 고하되 이스라엘 목전에서 가로되 태양아 너는 기브온 위에 머무르라 달아 너도 아얄론 골짜기에 그리할지어다 하매"(10:12) 이 말씀은 믿음과 용기입니다. 신앙인은 하나님의 약속을 믿고 용기를 가지고 나아가야 합니다. "오직 여호와를 거역하지 말라 또 그 땅 백성을 두려워하지 말라 그들은 우리 밥이라 그들의 보호자는 그들에게서 떠났고 여호와는 우리와 함께 하시느니라 그들을 두려워 말라 하나"(민14:9)라고 하셨습니다. 이스라엘 백성은 마시고 먹는 것이 없어 애굽의 쌀밥과 고기를 생각했습니다. 그러나 여호수아와 갈렙은 하나님의 약속을 믿고 가나안으로 들어갔습니다. 믿음의 사람은 환경을 두려워하지 않습니다. 항상 하나님을 생각합니다. "여호와는 나의 빛이요 나의 구원이시니 내가 누구를 두려워하리요 여호와는 내 생명의 능력이시니 내가 누구를 무서워하리요"(시27:1)라고 노래한 시인처럼 참된 신앙은 모든 공포심을 물리치는 것입니다. 용기는 암흑 속에서 광명을 찾게 합니다. 폐허 속에서 건설을 하게 하십니다. 절망에서 기쁨을 산출하게 합니다.

믿는 자의 용기는 세상을 거룩하게 합니다. 하나님의 뜻대로 움직이는 용기, 희생을 각오한 결단, 전능자의 권세를 믿고 명하는 담력이 있어야 합니다.

✳✳✳

불의한 환경을 의로운 환경으로 바꾸어 주기를 위해 기도합시다. 세계선교를 위해 기도하고 세상 중심의 생각을 하나님의 생각으로 바꿉시다. 세상이 불경기니까 교회도 불경기로 알고 복음사역을 줄이자는 것은 하나님의 논리는 아닙니다. 하나님의 부유성을 알면 마음이 부유하고 물질도 풍성하고 영혼이 넘칠 것입니다. 모든 자연도 하나님의 백성에게 유리하게 움직일 것입니다. 우리들 앞에 좋은 일들이 항상 있을 것입니다. 위기는 기회입니다. 우리나라 지금의 난국은 신앙회복을 위해 내리시는 은혜일수도 있습니다. 이제 기도합시다. 모두 승리할 때입니다.

"여호와께서 사람의 목소리를 들으신 이 같은 날은 전에도 없었고 후에도 없었나니 이는 여호와께서 이스라엘을 위하여 싸우셨음이니라"(10:14) 하나님은 성도를 위해 싸우십니다. 그 분의 능력으로 우리는 꼭 승리할 것입니다.

20 승리케 하시는 하나님

"그 왕들을 여호수아에게로 끌어내매 여호수아가 이스라엘 모든 사람을 부르고
자기와 함께 갔던 군장들에게 이르되 가까이 와서 이 왕들의 목을 발로 밟으라
가까이 와서 그들의 목을 밟으매 여호수아가 군장들에게 이르되
두려워 말며 놀라지 말고 마음을 강하게 하고 담대히 하라
너희가 더불어 싸우는 모든 대적에게 여호와께서 다 이와 같이 하시리라 하고"(10:24-25)

사람은 하나님의 형상으로 지음 받은 귀한 피조물입니다. 그러나 하나님은 인간의 사상과 행위에 따라 다르게 대하셨습니다. 한 장소 한 시대에 살면서도 하나님의 은혜를 받는 사람과 받지 못하는 사람이 있습니다. 특별한 행위와 관계없이 예수 그리스도를 믿는 이들에게는 구원이 보장되어 있습니다. 그러므로 가장 행복해하고 감사해야 될 사람은 성도

들입니다. 성숙한 성도의 삶은 감사하는 것에서부터 시작됩니다. 성경은 범사에 감사하라고 했습니다. 인간관계의 최고의 인사는 "감사합니다" 이며, 하나님께 대한 성도의 마땅한 자세는 감사하는 것입니다. 구원을 감사하고 살아있는 자체에 감사해야합니다. 그리고 장래에 천국에 갈 수 있다는 사실을 알려주심에 감사해야합니다. 천국이 없는 사람들의 삶은 불안과 공포의 삶입니다. 술, 담배, 타락, 분노, 자살을 선택할 수밖에 없습니다. 그러나 믿는 사람은 찬양과 사랑을 할 수 있습니다. 남을 사랑하고 이해할 수 있는 여유도 가질 수 있습니다.

그리고 성령의 은혜가 있습니다. 성령은 믿는 이들에게 분별력을 주십니다. "그가 와서 죄에 대하여 의에 대하여 심판에 대하여 세상을 책망하시리라"(요16:8) 성령의 사람으로 살아갈 수 있도록 좁은 길을 열어 보였습니다. "그러므로 너희가 회개하고 돌이켜 너희 죄 없이 함을 받으라 이같이 하면 유쾌하게 되는 날이 주 앞으로부터 이를 것이요"(행3:19) 유쾌하게 되는 복을 받으시길 바랍니다.

오늘은 여호수아와 기브온을 승리케 하시는 하나님께 영광을 돌리며 은혜를 받고자 합니다.

1. 이스라엘을 승리케 하시는 하나님이십니다.

하나님은 택한 백성의 삶을 간섭하십니다. 이스라엘 백성 중에 아간이 하나님의 것을 도적질했을 때 실패케 하셨습니다. "너는 일어나서 백성을 성결케 하여 이르기를 너희는 스스로 성결케 하여 내일을 기다리라 이스라엘의 하나님 여호와의 말씀에 이스라엘아 너의 중에 바친 물건이 있나니 네가 그 바친 물건을 너의 중에서 제하기 전에는 너의 대적을 당치 못하리라"(7:13). 그 일로 인하여 36명의 병사가 희생되었습니다. 하나님은 택한 백성의 죄를 용납하지 않았습니다. 좋은 하나님이시지만 죄를 지으면 그 값을 치르게 하십니다. 지혜자는 하나님을 무서워하지 않고 죄를 무서워합니다. 죄가 없고 하나님 마음에 합당해지면 능력을 체험할 수 있습니다. 요즘에 무서워하는 대상이 바꾸어지는 것을 봅니다. 병을 무서워하지 않고 병원에 가는 것을 무서워합니다. 병원은 병을 치료해 주는 곳이지 죽이는 곳이 아닙니다. 그뿐 아니라 죄를 무서워하지 않고 회개하여 죄 용서함 받고 천국으로 인도하는 교회를 어려워하는 사람도 있습니다. 하나님의 말씀 불순종하는 것을 무서워하지 않고 그의 결과로 오는 가난과 고통을 무서워하는 잘못된 현실을 바로 잡아야 합니다.

하나님은 여호수아와 이스라엘 백성이 순종하였을 때 큰 승리를 주셨습니다. "여호수아와 이스라엘 자손이 그들을 크게 도륙하여 거의 진멸시켰고 그 남은 몇 사람은 견고한 성으로 들어간 고로 모든 백성이 평안히 막게다 진으로 돌아와 여호수아에게 이르렀으나 혀를 놀려 이스라엘 자손을 대적하는 자가 없었더라"(10:20-21) 하나님은 자신의 뜻대로 백성을 인도하는 여호수아에게 권위를 주었습니다. 그리고 이스라엘 백성에게도 권세를 주었습니다. 지도자의 권위는 그 백성의 영광입니다. 이스라엘을 대적하는 이들이나 누구라도 "혀를 놀려 이스라엘 자손을 대적하는 이들이 없었더라"라고 했습니다.

하나님은 자기 백성을 간섭하시고 높이십니다. 여호수아 당시 뿐 아니라 신약시대, 그리고 지금도 하나님의 영광이 우리에게 나타날 수 있습니다. 사랑하는 성도 여러분! 혹시 환경에 어려움이 있습니까? 의로움 때문입니까? 아니면 죄 때문입니까? 믿음 때문이면 인내하시고, 욕심과 죄 때문이면 회개하십시오. 마음과 환경에서 아간의 요소를 제하면 승리하게 됩니다. 그 승리는 하나님의 선물입니다.

2. 택한 백성과 화합한 기브온을 승리하게 하십니다.

이스라엘 군대와 화합한 기브온과 싸우는 대적에게는 자연도 돕지 않고 있습니다. 태양도 기브온 위에 머물렀습니다. 또한 하늘에서 큰 덩이 우박이 대적들에게 내렸습니다. "그들이 이스라엘 앞에서 도망하여 벧호론의 비탈에서 내려갈 때에 여호와께서 하늘에서 큰 덩이 우박을 아세가에 이르기까지 내리우시매 그들이 죽었으니 이스라엘 자손의 칼에 죽은 자보다 우박에 죽은 자가 더욱 많았더라"(10:11)

택한 백성 이스라엘과 화합한 것이 하나님의 은혜를 입은 것입니다. 하나님께 속한 사람을 도와주면 그 사람을 하나님께서는 돕는 것입니다. 여리고성의 라합이 택한 백성인 정탐군을 도움으로 인해 여리고에서 살아 남았습니다. 그뿐 아니라 예수 그리스도의 족보에 이름이 올랐습니다.

그러나 구원받은 사람들과 싸움 걸고 핍박하는 것은 하나님과 원수가 되는 행위입니다. 여호수아와 화친했다고 가나안 산지의 다섯 왕들이 기브온을 핍박하고 전쟁을 걸어온 것은 하나님을 대적하는 행위입니다. 기브온 뒤에 있는 강자 여호수아의 대적이 된 것입니다. 더 나아가서는 하나님의 진노를 입게 된 것입니다. 하나님께서 은혜 입지 못할 자에게 내리시는 벌이 있습니다. "그들의 마음이 강퍅하여 이스라엘을 대적하여 싸우러 온 것은 여호와께서 그리하게 하신 것이라 그들로 저주받은 자 되게 하여 은혜를 입지 못하게 하시고 여호와께서 모세에게 명하신 대로 진멸하려 하심이었더라"(11:20) 이스라엘을 대적하게 합니다. 사람이 가장 불행한 것은 하나님의 사람이나 하나님의 교회를 대적하도록 하는 마

음을 가지도록 버려두는 것입니다. 죄를 짓도록 버려둡니다. 마음을 강
퍅하게 합니다. 멸망하는 사람은 행위로 인하여 멸망합니다.

여러분 마음속에 진리를 대적하든지 하나님의 사람을 대적하는 마음
이 있는지 한번 생각해야 합니다. 지혜로운 사람은 잘 속합니다. 권력자
에게 속하길 원하십니까? 부자에게 속하기를 원하십니까? 부와 명예를
위하여 사람을 사귀십니까? 지혜자는 거룩하게 사는 자의 편에 서게 됩
니다. 여호수아와 갈렙은 함께 정탐을 했던 10명의 동료들 생각을 따르
지 않고 모세에게 속했습니다. 그 결과 좋은 지도자가 되었습니다.

3. 하나님의 군대에껜 하나님의 보호와 위로가 있습니다.

"여호수아가 군장들에게 이르되 두려워 말며 놀라지 말고 마음을 강
하게 하고 담대히 하라 너희가 더불어 싸우는 모든 대적에게 여호와께서
다 이와 같이 하시리라 하고"(10:25) 하나님의 백성이 가져야 될 마음가
짐에 대하여 말하고 있습니다. "두려워 말라" "놀라지 말라" "마음을 강
하게 하라" "담대히 하라" 이와 같은 마음의 변화는 하나님의 능력을 체
험한 후 일어납니다. 하나님 외에 사람을 의지하면 실망합니다. 한 때는
권력의 실세였어도 정권이 바뀌면 위법자처럼 정죄되는 것이 세태가 되
어 버렸습니다. 그러나 말씀과 기도로 하나님께 능력 받은 사람은 정권
이 바뀌어도 문제가 없습니다. 세상은 영육의 전쟁터입니다. "우리의 씨
름은 혈과 육에 대한 것이 아니요 정사와 권세와 이 어두움의 세상 주관
자들과 하늘에 있는 악의 영들에게 대함이라"(엡6:12)

신령한 전쟁의 심각성을 알면 기도의 능력을 아는 사람입니다. "모든
기도와 간구로 하되 무시로 성령 안에서 기도하고 이를 위하여 깨어 구

하기를 항상 힘쓰며 여러 성도를 위하여 구하고 또 나를 위하여 구할 것은 내게 말씀을 주사 나로 입을 벌려 복음의 비밀을 담대히 알리게 하옵소서 할 것이니"(엡6:18-19)

하나님의 복과 저주에는 꼭 행위가 있습니다. 이삭의 아내로 선택함을 입은 리브가는 아브라함의 종을 선대하는 행위가 있었습니다. "그의 대답이 당신은 마시라 내가 또 당신의 약대를 위하여도 길으리라 하면 그 여자는 여호와께서 나의 주인의 아들을 위하여 정하여 주신 자가 되리이다 하며 내가 묵도하기를 마치지 못하여 리브가가 물 항아리를 어깨에 메고 나와서 우물로 내려와 긷기로 내가 그에게 이르기를 청컨대 내게 마시우라 한즉 그가 급히 물 항아리를 어깨에서 내리며 가로되 마시라 내가 당신의 약대에게도 마시우리라 하기로 내가 마시매 그가 또 약대에게도 마시운지라"(창24:44-46)

✳✳✳

결과를 보지 않고 행위만 보더라도 하나님이 복 주실 자인가 부끄러움을 당할 자인가를 알 수 있습니다. 하나님은 늦기 전에 실패를 막아 주시려고 강퍅한 마음, 진리에 무감각한 마음을 버리고 복 받을 그릇을 만드시길 원하고 있습니다.

혹시 어려움이 있나요? 그것이 얼마 동안은 갈 것입니다. 아무리 노력해도 흰머리 털을 검게 할 수는 없고 신경 쓴다고 되는 것은 아니니 하나님을 믿고 참 평안을 가지고 남은 날 행복하게 살기를 바랍니다. 예수 없는 나는 존재의 가치가 없고, 교회 없는 성도, 나라 없는 백성은 참으로 비참합니다. 오늘도 승리케 하시는 하나님을 보고 승리의 노래를 부르시길 주의 이름으로 축원합니다.

행복자의 길

당신은 기도할 대상이 있으니 행복자
당신은 미움의 대상이 있으니 행복자
문제를 말할 수 있고
잘못을 말해 줄 대상 있으니
복 받은 증거이구나

입이 있어도 말 못하는 세상
마음 시원케 울어 볼 수도 없는
패쇄되고 짓눌린 세상도 있는데
당신은 열린 세상에 살아가니
행복자이구나

이래 저래 한 세상
웃다 울다 가는 길
꼭 되어도 안 되어도
가는 시간 가누나

님의 은혜로 종착역 낙원으로 가는 세월
잡지 못해 백발로 피어나도
오직 감사의 기도 만이
주야(晝夜)의 호흡이 됩니다.

복을 받을 사람들

3부

21 이스라엘 백성의 두 기업

"요셉 자손은 므낫세와 에브라임의 두 지파가 되었음이라
이 땅에서 레위 사람에게 아무 분깃도 주지 아니하고
오직 거할 성읍들과 가축과 재물을 둘 들만 줄 뿐으로
이스라엘 자손이 여호와께서 모세에게 명하신 것과
같이 행하여 그 땅을 나누었더라"(14:4-5)

성경에 보면 마음을 강곽케 하여 하나님의 백성을 대적하는 왕들을 여호수아가 멸했습니다. 그 일을 통해 여호수아와 이스라엘의 권위가 높아졌습니다. "모든 백성이 평안히 막게다 진으로 돌아와 여호수아에게 이르렀으나 혀를 놀려 이스라엘 자손을 대적하는 자가 없었더라"(10:21) 여호수아는 아모리 왕들을 처형할 때 군장들의 담력을 키워주는 사건으

로 이용했습니다. "여호수아가 군장들에게 이르되 두려워 말며 놀라지 말고 마음을 강하게 하고 담대히 하라 너희가 더불어 싸우는 모든 대적에게 여호와께서 다 이와 같이 하시리라 하고"(10:25)

하나님은 편견의 하나님이십니다. 하나님의 백성을 대적하는 이들을 아끼지 않습니다.

하나님은 모세를 통해 가나안 땅을 이스라엘 백성에게 주신다고 약속하였습니다. 또 모세를 통해 땅을 분배하였습니다. 모세가 죽은 후에도 그때의 결정은 유효했습니다. 모세가 광야 생활을 끝내고 가나안 땅을 바라본 후 죽었으므로 여호수아를 통해 하나님의 계획은 계속 이루어졌습니다. 여호수아에게 강하고 담대하라 네가 어디로 가든지 함께 있겠다고 하시며 큰 담력을 주셨습니다.

여호수아는 하나님의 말씀에 "예"만 했습니다. 그 결과로 계속해서 하나님의 능력과 보호 속에 있었습니다.

하나님은 여호수아와 이스라엘 백성을 보호하셨습니다. 잘할 때는 승리로 보호하셨습니다. 그러나 아간 같은 사람이 하나님의 법을 어길 때는 실패로 보호하셨습니다. 인간은 연약과 실패를 통해 자신의 잘못을 뉘우치고 회개합니다. 자녀가 순종하면 그의 원하는 것을 해주고 잘못할 때는 징계하는 부모가 있습니다. 잘해주는 것도 보호요 징계도 보호입니다. 부모님의 목적이 선하기 때문이요 자녀의 장래를 위하기 때문입니다.

하나님은 선하신 분입니다. 택한 백성 이스라엘을 바로의 권력에서, 홍해에서, 광야에서, 전쟁에서, 잘못된 죄에서 보호했습니다. 그뿐 아니라 후손들에게도 보호를 약속했습니다. "야곱아 너를 창조하신 여호와께서 이제 말씀하시느니라 이스라엘아 너를 조성하신 자가 이제 말씀하시느니라 너는 두려워말라 내가 너를 구속하였고 내가 너를 지명하여 불렀나니 너는 내 것이라 네가 물 가운데로 지날 때에 내가 함께할 것이라 강을 건널 때에 물이 너를 침몰치 못할 것이며 네가 불 가운데로 행할 때에 타지도 아니할 것이요 불꽃이 너를 사르지도 못하리니”(사43:1-2)

하나님의 약속은 변함이 없습니다. 그러나 하나님 외에 모든 사람은 변합니다. 부모님도 변합니다. 자녀를 돈에 팔기도 하고, 자신이 자살하는데 자녀까지 아파트 밖으로 던져 죽게 하는 사건이 있기도 했습니다. 부부간에 헤어지기도 합니다. 그러나 하나님은 예수 믿는 사람에게는 구원을 약속하셨습니다. 인간은 변해도 하나님은 절대로 변하지 않습니다.

1. 가나안 땅을 정복하고 분배했습니다.

마음을 강곽케 하여 달려온 가나안의 여러 족속을 멸했습니다. 11장에서 13장까지 여러가지 사건들이 있었습니다. 가나안의 대부분의 땅을 정복하였으나, 여호수아가 늙어서 정복해야 될 남은 땅도 있었습니다. 그러나 여호수아는 이스라엘 백성에게 하나님이 모세를 통하여 주신 땅을 분배하기 시작했습니다. 이스라엘의 12지파는 야곱의 아들들입니다. 그중 레위 지파가 빠지고 요셉 자손은 므낫세와 에브라임의 두 지파가 되어 12구역으로 나누어 분배하였습니다.

모세가 분배한 기업은 하나님이 허락한 기업입니다. “요단 동편 여리고 맞은편 모압 평지에서 모세가 분배한 기업이 이러하여도”(13:32) 모세가 분배할 때의 상태는 가나안 족속이 차지하고 있을 때입니다. 이스라엘 백성이 하나님이 주신 기업을 얻기 위해서는 순종하고, 헌신하고, 싸움하여 취해야 했습니다. 하나님은 노력 없이 그냥 주시는 분이 아닙니다. 광야에서 먹을 것을 주시는 것은 농사할 땅이 없기 때문이었지만 가나안에

와서는 만나를 주시지 않았습니다. 땅주인이 농부에게 농사할 땅을 주는 것이지 농사하여 곡식을 주지는 않습니다. 또 하나님은 가나안을 차지할 능력은 주시지만 노력 없이 그냥 차지하도록 하지 않았습니다.

하나님이 주신 행복을 누리려면 하나님의 말씀에 순종해야 합니다. 자녀도 하나님이 주신 기업입니다. 그 기업이 능력이 되려면 말씀으로 양육해야 합니다. "자식은 여호와의 주신 기업이요 태의 열매는 그의 상급이로다 젊은 자의 자식은 장사의 수중의 화살 같으니 이것이 그 전통에 가득한 자는 복되도다 저희가 성문에서 그 원수와 말할 때에 수치를 당치 아니하리로다"(시127:3-5)

모세가 주신 기업을 차지하는 데는 단합되어야 차지할 수 있었습니다. 12지파가 여호수아를 중심으로 단합했습니다. 행복을 원한다면 갈등하지 말고, 온 가정이 단합해야 합니다. "두 세 사람이 내 이름으로 모인 곳에는 나도 그들 중에 있느니라"(마18:20) 했습니다.

하나님이 주시는 복을 원하면 하나님 앞에서 자신을 보아야 합니다. 그리고 하나님 중심으로 단합해야 합니다. 그리고 공평한 누림이 있어야 합니다. 부자가 된 후에 더 불행하게 되는 자가 있을 수 있습니다. 이젠 함께 누리고 함께 사랑해야 합니다.

이스라엘 백성이 땅을 분배하는 방법을 보고 은혜를 받습니다. "모세에게 명하신 대로 그들의 기업을 제비뽑아" 분배하는 방법으로 매우 공평하게 했습니다. 요즘 재건축 아파트는 제비 뽑아 층수를 정하므로 불평이 없다고 합니다. 하나님은 제비뽑기하는데도 개입하십니다. 우리는 모두 하나님의 말씀대로 해야 함께 능력과 복을 받을 수 있습니다.

2. 이스라엘 12지파가 받은 분깃과 레위인이 받은 것이 있습니다.

"오직 레위 지파에게는 모세가 기업을 주지 아니하였으니 이는 그들에게 말씀하심 같이 이스라엘 하나님 여호와께서 그 기업이 되심이었더라"(13:33) "이 땅에서 레위 사람에게 아무 분깃도 주지 아니하고 오직 거할 성읍들과 가축과 재물을 둘 들만 줄 뿐으로"(수14:4)

하나님은 농사할 수 있는 땅을 주신 지파가 있습니다. 그러나 주의 일에 전무할 수 있도록 하는 레위 지파도 있습니다. 그 때뿐만 아니라 지금도 하나님은 다양한 직장을 주셔서 살게 하십니다. 이스라엘 백성이 받은 땅은 모두 하나님의 은혜와 능력으로 차지한 것입니다. 하나님이 주신 것을 보면 자신의 사역을 알 수 있습니다. 이스라엘 사람들은 열심히 농사해서 풍성한 수확을 내어야 합니다. 봄에는 씨 뿌리고 여름에는 김매고 가을에는 추수해야 합니다. 오늘날 성도들은 사업을 잘해야 합니다. 선생님들은 잘 가르쳐야 합니다. 하나님이 주신 직분을 잘 감당해야 합니다. 레위 사람들은 제사장의 일을 잘 돕고, 열심히 예배 드려야 합니다. 범죄한 이들이 도피성으로 오면 말씀대로 잘 보호해야 합니다.

과거 시골에 있을 때 한 목사님이 아픈 사람 집에 심방을 하셨습니다. 그때 농사하는 사람들이 농번기에 놀러 다닌다며 핀잔하였습니다. 저도 어릴 때라 잘 몰랐는데, 성경을 읽고 깨닫고 나니 낙심하고 병들고 사단에 붙잡혀 있는 사람을 찾아가 기도해주고 예배드리는 것이 소중하고 귀한 일임을 알게 되었습니다. 열심히 일한 농부는 저녁에 잠을 잘 잡니다. 그러나 어려운 집에 심방을 다녀온 목사는 밤새 기도하고 어려움을 함께 합니다. 다른 사람에겐 땅을 주었다면 레위 지파에게는 하나님의 집을 관리하는 일을 주었습니다. 하나님은 주신 직분에 따라 다르게 요구하십니다.

3. 이스라엘 백성의 사역은 하나가 되었습니다.

이스라엘 백성은 오늘날 교회의 모형입니다. 교회는 한 몸이요, 성도 각자는 지체입니다. "이 모든 일은 같은 한 성령이 행하사 그 뜻대로 각 사람에게 나눠 주시느니라 몸은 하나인데 많은 지체가 있고 몸의 지체가 많으나 한 몸임과 같이 그리스도도 그러하니라"(고전12:11-12) "너희는 그리스도의 몸이요 지체의 각 부분이라 하나님이 교회 중에 몇을 세우셨으니 첫째는 사도요 둘째는 선지자요 세째는 교사요 그 다음은 능력이요 그 다음은 병 고치는 은사와 서로 돕는 것과 다스리는 것과 각종 방언을 하는 것이라"(고전12:27-28)

교회가 한 지체인 것처럼 이스라엘 백성은 한 지체입니다. 지체의 역할이 다른 것이나 모두가 몸 중심으로 분주히 일합니다. 땅을 기업으로 받은 사람들은 농사를 해서, 십일조를 성전에 들여야 합니다. 제사장은 이스라엘 백성이 드린 것을 가지고 성전에서 일하는 레위 족속들의 기업이 되게 했습니다. 이스라엘 백성이 가난하게 살 때가 있었습니다. 그때는 하나님이 말씀하신 십일조를 도적질할 때였습니다.

며칠 전 국민일보에 식당을 경영해서 부자가 된 분의 간증이 실렸습니다. 거기에 "십일조 하시지요. 복 주시는 하나님의 것 도적질하지 마세요. 매일 돈 훔쳐 쓰면서 복 달라고 해보세요, 그러면 주시겠습니까?"라고 쓰여 있었습니다. 이스라엘 백성이 기업으로 얻은 땅이 아름다워지는 것은 하나님과의 관계 회복입니다. 잘되기를 원하시면 잘되는 길로 가십시오. 가난하게 살기 원하시면 물질 위주로 살면 됩니다.

✳✳✳

사랑하는 성도 여러분! 하나님이 주신 기업을 찾아봅시다. 사업장, 자신의 생명, 자녀 등 모두 하나님이 주신 것입니다. 받은 은혜대로 순종하여 행복하게 삽시다. 예수 믿는 여러분은 지금 세상이 끝난다고 해도 천국에 갑니다. 죽음을 두려워말고 환경의 종노릇하지 말고 하나님의 능력을 입으십시오. 환경을 변화시켜 달라고 하기보다 여러분이 변하면 하나님이 좋은 환경을 만들어 주십니다. 다른 사람을 변화시키려고 하기보다 하나님의 능력을 입으십시오. 감옥을 교회 만드는 바울처럼 기도합시다. 찬송합시다. 풀무불을 안식처로 만든 다니엘의 세 친구의 신앙을 가지고 살기를 주의 이름으로 축원합니다.

하나님이 나와 함께 하시면

여호수아 14:6-12

"모세가 나를 보내던 날과 같이 오늘날 오히려 강건하니 나의 힘이 그때나 이제나 일반이라
싸움에나 출입에 감당할 수 있사온즉 그 날에 여호와께서 말씀하신
이 산지를 내게 주소서 당신도 그 날에 들으셨거니와
그 곳에는 아낙 사람이 있고 그 성읍들은 크고 견고할찌라도 여호와께서
혹시 나와 함께 하시면 내가 필경 여호와의 말씀하신대로 그들을 쫓아내리이다"(14:11-12)

지난 역사 속에는 항상 성공한 사람과 실패한 사람이 등장합니다. 그 시대가 잘될 때 역사의 주인공들은 좋은 사람, 믿음의 사람들이었습니다. 믿음의 사람은 주변 사람들에게 꿈과 기쁨을 줍니다.

본문에 나오는 갈렙이 지난날을 회상하면서 현재 자신이 가진 것으로 믿음 쓰는 모습을 통해 은혜를 받고자 합니다. 모세가 이스라엘의 지도

자였을 때 12지파에서 한 사람씩 차출하여 하나님이 주시기로 한 땅에 정탐군으로 보냈습니다. 그들은 함께 여러 곳을 돌아보았습니다. 그런데 다녀온 사람들의 보고는 아주 상반되었습니다. 갈렙의 보고는 "갈렙이 모세 앞에서 백성을 안돈시켜 가로되 우리가 곧 올라가서 그 땅을 취하자 능히 이기리라 하나"(민13:30)이었지만, "그와 함께 올라갔던 사람들은 가로되 우리는 능히 올라가서 그 백성을 치지 못하리라 그들은 우리보다 강하니라 하고 이스라엘 자손 앞에서 그 탐지한 땅을 악평하여 가로되 우리가 두루 다니며 탐지한 땅은 그 거민을 삼키는 땅이요 거기서 본 모든 백성은 신장이 장대한 자들이며 거기서 또 네피림 후손 아낙 자손 대장부들을 보았나니 우리는 스스로 보기에도 메뚜기 같으니 그들의 보기에도 그와 같았을 것이니라"(민13:31-33)고 하였습니다.

같은 땅, 같은 사람들을 보고도 서로 생각이 아주 달랐습니다. 두 보고가 이스라엘 백성에게 미치는 영향이 있었습니다. 하나님의 능력을 믿지 않는 사람들의 말이 퍼지면서 이스라엘 백성은 술렁이기 시작했습니다. "온 회중이 소리를 높여 부르짖으며 밤새도록 백성이 곡하였더라 이스라엘 자손이 다 모세와 아론을 원망하며 온 회중이 그들에게 이르되 우리가 애굽 땅에서 죽었거나 이 광야에서 죽었더면 좋았을 것을 어찌하여 여호와가 우리를 그 땅으로 인도하여 칼에 망하게 하려 하는고 우리 처자가 사로잡히리니 애굽으로 돌아가는 것이 낫지 아니하랴 이에 서로 말하되 우리가 한 장관을 세우고 애굽으로 돌아가자 하매"(민14:1-4)

믿음의 사람 모세와 아론은 원망의 대상이 되었습니다. 백성의 마음은 공포와 좌절을 맛보게 되었습니다. 한 장관을 세워 애굽으로 돌아가자라는 운동이 일어나기도 했습니다. 그때 믿음 있는 사람, 여호수아와 갈렙의 호소가 있었습니다. "이스라엘 자손의 온 회중에게 일러 가로되 우리가 두루 다니며 탐지한 땅은 심히 아름다운 땅이라 여호와께서 우리를 기뻐하시면 우리를 그 땅으로 인도하여 들이시고 그 땅을 우리에게 주시리라 이는 과연 젖과 꿀이 흐르는 땅이니라 오직 여호와를 거역하지 말라 또 그 땅 백성을 두려워하지 말라 그들은 우리 밥이라 그들의 보호자는 그들에게서 떠났고 여호와는 우리와 함께 하시느니라 그들을 두려워 말라 하나"(민14:7-9) 갈렙의 이 보고는 하나님의 능력을 본 보고입니다. 백성들의 마음을 잠잠하게 했습니다. 그뿐 아니라 믿음의 사람 모세와 아론에게도 기쁨을 주었습니다.

지금도 이 두 소리는 우리의 귀에 들려옵니다. '하나님이 좋다, 귀하다' 라고 한 것을 '추하다, 아니다' 라고 하며 마음이 병들어 원망과 불평을 하는 사람도 있습니다. 마음이 병들면 앓는 소리를 합니다. 잘못된 생각을 합니다. 잘못된 계획을 합니다. 망하는 결론을 내립니다. 성도 여러분! 여러분은 자신이 마음에 드십니까? 저는 하나님의 은혜 속에서는 감사한데 인간적으로 보면 마음에 들지 않는 부분이 있습니다. 내가 가진 육체나 환경도 내 마음에 들지 않는 것이 있는데, 육체를 가진 상대나 다른 사람을 자신의 마음에 들도록 하겠다는 생각이나 기대는 착각입니다. 마음에 안 들어도 하나님이 주신 선물인 줄로 알고 함께 행복을 위해 동행하는 것입니다. 믿음 없는 눈으로 환경을 보면 젖과 꿀이 흐르는 땅도 박토로 보이고, 하나님이 이길 수 있다고 해도 패한다고 합니다. 믿음 있는 사람은 하나님의 능력을 믿으면서 할 수 있다고 합니다.

갈렙의 세 가지 능력의 신앙을 통해 은혜를 받고자 합니다.

1. 갈렙은 믿음으로 행한 과거를 말할 수 있는 사람입니다.

갈렙의 현재 나이는 85세이나 회상하여 40세 때의 이야기를 하고 있습니다. 모세 당시의 교훈과 약속 상황을 말하고 있습니다. "내 나이 사십세에 여호와의 종 모세가 가데스바네아에서 나를 보내어 이 땅을 정탐케 하므로 내 마음에 성실한 대로 그에게 보고하였고 나와 함께 올라갔던 내 형제들은 백성의 간담을 녹게 하였으나 나는 나의 하나님 여호와를 온전히 좇았으므로 그 날에 모세가 맹세하여 가로되 네가 나의 하나님 여호와를 온전히 좇았은즉 네 발로 밟는 땅은 영영히 너와 네 자손의 기업이 되리라 하였나이다"(14:7-9)

사람은 지난날이 매우 중요합니다. 과거는 현재를, 현재는 미래의 환경을 좌우합니다. 현재의 어려움만 보지 말고 이렇게 될 수밖에 없었던 과거를 회개해야 합니다. 좋은 환경이 된 현재를 만났으면 과거에 수고한 이들의 고충을 알아야합니다. 갈렙의 과거의 회고는 감사와 바램의 회고입니다. 그때 가나안을 차지할 것이라고 믿음으로 말한 것이 현실로 나타난 것에 대한 만족을 얻고 있습니다. 하나님의 말씀대로 살면 후회가 없습니다. 미래에 큰 위로를 받습니다. "생육하고 번성하라"는 말씀을 따라야 합니다. 하나님의 약속은 그대로 믿어야합니다.

사랑하는 성도여러분! 역사에 부끄럽지 않도록 순종과 기도의 사람이 되시길 기원합니다.

2. 갈렙은 현재 복 받은 것을 드러내어 보일 수 있었습니다.

"이제 보소서 여호와께서 이 말씀을 모세에게 이르신 때로부터 이스라엘이 광야에 행한 이 사십 오년 동안을 여호와께서 말씀하신대로 나를 생존케 하셨나이다 오늘날 내가 팔십 오세로되 모세가 나를 보내던 날과 같이 오늘날 오히려 강건하니 나의 힘이 그때나 이제나 일반이라 싸움에나 출입에 감당할 수 있사온즉"(14:10-11) 갈렙은 보여줄 것이 있었습니다. 가나안을 정탐했던 이들이 다 죽고 여호수아와 갈렙만 남았습니다. 갈렙은 "여호와의 말씀대로 생존케 하셨나이다"라고 했습니다. 85세인 자신의 건강이 40대처럼 건강하다고 말하고 있습니다. 갈렙은 건강의 복을 받았습니다. 인간적으로 보면 여호수아가 지도자가 되고 자신은 소외되었다고 생각하면서 스트레스를 받을 수도 있었지만 갈렙의 삶은 매우 긍정적이고 믿음 안에서의 삶이었기에 건강을 유지한 것입니다. 건강을 지키는 것은 하나님의 창조의 원리대로 살면 됩니다.

6일 동안 열심히 일하고, 주일 하루는 쉬면서 예배드리고 하나님께 봉사하는 생활을 해야 합니다. 이 생활은 사람을 사랑하고 행복하게 하는 행위입니다.

사랑하는 여러분! 지금 받은 복을 내어 놓을 것이 있습니까? 믿음을 지킴으로 받은 복이 있습니까? 여러분이 노년에 내가 이렇게 살았더니 하나님이 복을 주셨다고 보여줄 복을 만드시길 바랍니다.

3. 갈렙은 85세에도 새로운 일에 도전하고 있습니다.

"그날에 여호와께서 말씀하신 이 산지를 내게 주소서 당신도 그날에 들으셨거니와 그곳에는 아낙 사람이 있고 그 성읍들은 크고 견고할찌라도 여호와께서 혹시 나와 함께 하시면 내가 필경 여호와의 말씀하신대로 그들을 쫓아내리이다"(14:12) 갈렙은 평안함을 구하지 않았습니다. 그는 철옹성 요새라 불리는 헤브론 성을 요구했습니다. 스스로 싸워 이겨서 기업을 삼겠다고 했습니다. 갈렙은 뺏은 땅을 달라는 것보다 땀과 피를 흘려야 얻을 기업을 요구했습니다. 아낙 자손이 차지한 땅을 요구한 갈렙입니다. 갈렙은 육신도 건강했지만 생활도 건강했습니다. 그는 공짜를 요구하지 않았습니다. 게으른 사람, 공짜를 좋아하는 사람, 땀을 싫어하는 사람은 생활이 병든 사람입니다. 은혜에 감사해야 되지 공짜를 좋아하는 사람은 명예와 물질이 생기면 타락하고 맙니다.

탕자의 비유를 살펴보면, 둘째 아들이 노력 없이 아버지에게 유산을 받고, 효도하지 않고, 먼 곳에 갔습니다. 생활이 병들면 집안에 재산이 생길 때 집을 떠나고, 신앙의 병든 사람이 육신적으로 교회를 떠납니다. 다 허비해야 돌아옵니다. 탕자는 하나님을 위해 부모님을 위해 돈쓰지 않고 자기만 위해서 사용합니다. 그리고 남에게 의지만합니다.

갈렙은 노년에도 일할 수 있는 것을 달라고 했습니다. "이 산지를 내게 주소서 그 성읍들은 크고 견고할찌라도 여호와께서 혹시 나와 함께 하시면 내가 필경 여호와의 말씀하신대로 그들을 쫓아 내리이다"(14:12)라고 말을 합니다. 40대의 믿음이 85세가 된 상황에서도 변함이 없음을 보여줍니다. 믿음이 변질되지 말아야합니다.

바울 사도가 "내가 비천에 처할 줄도 알고 풍부에 처할 줄도 알아 모든 일에 배부르며 배고픔과 풍부와 궁핍에도 일체의 비결을 배웠노라 내게 능력 주시는 자 안에서 내가 모든 것을 할 수 있느니라"(빌4:12-13)라고 했습니다. 이 땅에서 모든 것을 이길 수 있습니다. 예수 그리스도만 함께 하시면 어떤 환경도 이깁니다. 돈, 건강, 배경이 없다고 낙심 말고 나와 예수 그리스도가 함께 하는가를 알아 보아야합니다.

***

사랑하는 성도 여러분! 이젠 무엇인가 시작해야합니다. 구역장, 교사들이 "일할 장소를 주세요"라고 하기보다 "허락만 해 주세요, 내가 환경을 만들겠습니다"라고 해야 창조적인 사람이 됩니다. 오늘 갈렙의 신앙처럼 마음이 건강하고 믿음이 건강하여 그 백성에게 희망을 주고 지도자에게 위로와 협력자가 됩시다.

갈렙은 늙었지만 젊은 사람이 되었습니다. 건강한 사람이 되어 백성에게 유익을 주고 자신이 속한 지파에게 유익을 준 갈렙처럼 여러분이 속해있는 가정과 교회에 큰 유익을 주기를 주님의 이름으로 축원합니다.

복을 받을 사람들

> "여호수아가 여분네의 아들 갈렙을 위하여 축복하고
> 헤브론을 그에게 주어 기업을 삼게 하매
> 헤브론이 그니스 사람 여분네의 아들 갈렙의 기업이 되어
> 오늘날까지 이르렀으니
> 이는 그가 이스라엘의 하나님 여호와를 온전히 좇았음이며"(14:13-14)

어떤 사람이 연구하여 발표한 내용에 5달러짜리 쇳덩어리로 바늘을 만들면 500달러를 벌 수 있고, 시계를 만들면 5,000달러를 벌 수 있다고 합니다. 인생도 마찬가지입니다. 같은 삶을 살지만 인생을 어떻게 가꾸느냐에 따라서 그 가치가 달라집니다. 창조주가 만든 세상에서 아름다운 가치를 가지고 살고 창조주의 뜻에 따라 산다면 인생이 훨씬 멋지게 됩

니다. 그냥 살 것이 아니라 삶의 질을 높여야 됩니다. 인생의 가치를 최고로 높이는 것은 하나님의 자녀로 사는 것입니다.

요즘을 가리켜 '혼돈시대' 라고 하는 이들이 적지 않습니다. 어디까지가 진실이고 어디까지가 거짓인지 통 분별이 가지 않습니다. 우리나라의 이혼, 자살, 술 소비, 교통 사고율, 흡연, 여관증가 등 안 좋은 것은 다 세계 상위권에 들어 있습니다. 그러나 낙심하지 않는 것은 인구수에 비해 큰 교회가 우리나라에 많고, 파송된 선교사도 세계 2위이니 우리나라는 소망이 있습니다. 오늘도 죄 많은 세상, 좌우를 분별하지 못하는 우리들에게 성령을 보내주셔서 새롭게 되기를 원합니다. 우리가 성령을 받아 하나님의 마음에 합한 생활을 하면 우리에게 필요한 축복을 풍성히 주십니다.

하나님의 형상으로 창조된 모든 사람은 다 축복 받기를 원합니다. 칭찬 받기를 원합니다. 요즘에 "고래도 칭찬하면 춤춘다"는 책이 나와 읽혀지고 있습니다. 고래도 칭찬을 받으면 말을 잘 듣습니다. 칭찬 받기를 원하면 칭찬 받을 행위를 가져야 합니다. 갈렙은 변함없는 믿음과 행한 일로 복을 받은 사람입니다. "오직 내가 이것으로 그들에게 명하여 이르기를 너희는 내 목소리를 들으라 그리하면 나는 너희 하나님이 되겠고 너희는 내 백성이 되리라 너희는 나의 명한 모든 길로 행하라 그리하면 복을 받으리라 하였으나" (렘7:23)

1. 갈렙은 믿음의 눈으로 환경을 보고 행동했습니다.

"그 날에 여호와께서 말씀하신 이 산지를 내게 주소서 당신도 그 날에 들으셨거니와 그 곳에는 아낙 사람이 있고 그 성읍들은 크고 견고할찌라

도 여호와께서 혹시 나와 함께 하시면 내가 필경 여호와의 말씀하신대로 그들을 쫓아내리이다"(14:12)

갈렙의 가슴에는 하나님의 전능하심이 자리잡고 있습니다. 또 모세를 통해 말씀하신 약속을 간직하고 있었습니다. 그는 45년 동안 변함없는 신앙을 가졌습니다. 젊음이 있을 때의 열정을 가지고 있었습니다. "여호와의 말씀대로 그들을 쫓아내리이다" 하면서 긍정적으로 살았습니다. 천국중심으로 사는 사람은 생활이 힘들어도 자살하지 않고 우울증에 걸리지 않고 낙심하지 않고 긍정적이고 아름답게 삽니다. 나의 삶을 하나님이 보고 있다고 생각하고 살아가는 삶은 매사에 조심합니다. 서울의 한 동리는 감시 카메라를 설치한 후 범죄가 줄었다고 합니다. 사람이 본다고 생각해도 행동이 조심스러운데 하나님이 보고 계신다고 생각하는 사람은 매사에 조심하게 될 것입니다. 믿음의 눈으로 환경을 보는 사람은, 하나님이 언제나 나와 함께 계신다는 것을 믿고 있습니다.

믿음이 있는 사람은 가치관이 거듭납니다. 어려운 환경이 오면 그 환경을 탓하지 않고 자신의 죄를 봅니다. 그리고 회개합니다. 죄가 없는 상태에서 오는 고난은 이 고난 후에 하나님의 축복이 있는 것을 알고 감사하면서 견딥니다. 교도소에서 일하는 교도관들의 말을 들어보면 두 종류의 재소자가 있다고 합니다. 한 부류의 사람들은 원망과 불평을 하고 밥도 먹지 않고 자신을 돌아보지 않고 사회와 정치, 사람을 원망하는 사람들이고, 또 한 부류는 아무 말도 없이 성경을 읽고 회개하며 내일을 준비하는 사람이 있다고 합니다. 형을 마치고 나간 후에 억울하다고 분노하던 이들은 재범을 해서 다시 들어오는 경우가 많다고 합니다.

사랑하는 성도 여러분! 여러분의 눈이 믿음의 눈입니까? 아니면 세속적인 눈입니까? 세속적인 눈이면 가나안의 영광을 누릴 수 없는 행위를 할 것입니다. 그러나 믿음의 눈이면 믿음 있는 사람과 동행을 할 것입니다. 갈렙은 자기 주위 사람들에게 유익을 주었습니다. 모세와 아론에게 유익을 주었습니다. 백성들에게 평안을 주었습니다. 자신이 속한 지파에게 큰 땅을 얻을 수 있는 사건을 만들었습니다. 좋은 사람, 믿음의 사람은 주위 사람들의 믿음에 유익을 주며 행복하게 합니다. 다른 이의 믿음을 손해 보게 하면 믿음의 사람이 아닙니다. 믿음의 눈으로 보시길 바랍니다.

2. 갈렙은 여호수아에게 축복 기도 받고 땅도 받았습니다.

하나님의 사람이 복을 빌 수 있는 사람은 많지 않습니다. 갈렙은 변함 없는 믿음으로 하나님과 여호수아에게 인정을 받았습니다. "여호수아가 여분네의 아들 갈렙을 위하여 축복하고 헤브론을 그에게 주어 기업을 삼게 하매"(14:13) 하나님이 원하시는 대로 살고 여호수아와의 관계를 바르게 맺어서 갈렙은 복을 받은 것입니다.

요한이 진리 안에서 행하는 가이오를 축복했습니다. "사랑하는 자여 네 영혼이 잘 됨같이 네가 범사에 잘 되고 강건하기를 내가 간구하노라 형제들이 와서 네게 있는 진리를 증거하되 네가 진리 안에서 행한다 하니 내가 심히 기뻐하노라"(요삼1:2-3)

한나는 자녀를 얻기 위해 오래 기도하고 엘리 제사장에게 기도를 받았습니다. "엘리가 대답하여 가로되 평안히 가라 이스라엘의 하나님이 너의 기도하여 구한 것을 허락하시기를 원하노라"(삼상1:17)

하나님께 복 받을 사람에게는 영적 지도자의 축복기도가 있었습니다. 하나님은 기도하게 하시고 응답하십니다. 지도자에게 인정받는 것은 비전을 함께 할 때만 가능합니다. 하나님 백성의 지도자는 하나님의 마음에 합당해야 합니다. 이스라엘 백성들의 누림은 세우신 지도자의 권위 아래 가능합니다. 하나님은 질서의 하나님이시고 세운 사람들을 보호하고 계시기 때문입니다.

우리 교회도 담임목사인 저에게 준 비전이 있습니다. 지역 복음화요, 건강한 교회요, 이웃사랑의 복지를 통해 한국과 세계 교회 가운데 모델이 되는 것인데 모든 성도가 비전을 함께 하기를 원합니다. 하나님의 뜻을 이루고자 할 때 자신의 비전이 이루어집니다. 성도의 복과 영광은 예수 그리스도 안에서 이루어집니다. 또 그의 몸으로 세운 교회에서 이루어집니다. 그러므로 주께서 주신 비전이 있으면 충성하고 협력해야 됩니다. 자기의 생각을 더하면 하나님의 뜻을 이루는데 문제가 있습니다. 여러분도 영혼이 잘 되어서 기도 받을 수 있고 복 받을 그릇이 되시길 축원합니다.

3. 갈렙이 가는 곳에는 하나님의 보호와 승리가 있었습니다.

"헤브론이 그니스 사람 여분네의 아들 갈렙의 기업이 되어 오늘날까지 이르렀으니 이는 그가 이스라엘의 하나님 여호와를 온전히 좇았음이며 헤브론의 옛 이름은 기럇 아르바라 아르바는 아낙 사람 가운데 가장 큰 사람이었더라 그 땅에 전쟁이 그쳤더라"(14:14-15)

"여호와를 온전히 좇았음이며" "그 땅에 전쟁이 그쳤더라" 여호와를 온전히 따라가면 원수를 이길 수 있습니다. 마음 속에서 일어나는 분노를 이길 수 있습니다. 온전히 좇는 것은 자기 생각을 포기하고 하나님의 뜻대로 따르는 것입니다. '미운 사람도 사랑하라 했으니 사랑하고, 부부

간에 갈등이 와도 이혼하지 말라 했으니 참고 기도하고, 부모님께 효도
하라고 했으니 힘들어도 효도할 때 나중에 자녀가 보고 노년에 모두 갚
아 주는 것입니다.

"전쟁이 그쳤더라" 하나님의 절대 능력으로 상대를 제압했습니다. 이
기는 방법은 아주 다양합니다. 힘으로 이기는 것은 이기는 것이 아닙니
다. 사랑으로 이기는 것입니다. "옛말에 지는 것이 이기는 것' 이라는 말
이 있습니다.

지금부터 25년 전에 여러 가정이 함께 사는 곳으로 이사를 가게 되었
습니다. 이사 가서 보니 한 달에 한번씩 전쟁이 일어났습니다. 이유는 여
러 가정이 같이 살다보니 전기세 분배가 싸움의 씨였습니다. 우리가 들
어가니 전기밥솥을 사용한다고 우리 가정에만 전기세를 잔뜩 물리고 자
신들은 아주 조금 내었습니다. 그 당시 작은 돈이 아니었습니다. 인간적
으로 너무 억울하고 마음이 많이 상했습니다. 그러나 기도하다가 '아! 이
것도 전도가 되겠구나' 하는 생각이 들어 기쁨으로 내었습니다. 그때부
터 전기세로 인한 싸움이 끝이 났습니다.

여러 가정이 신앙을 가짐으로 분쟁을 합니다. 안 믿는 이들 때문에 가
문이 평안치 않습니다. 하나님을 온전히 좇으면 여러분은 복을 받을 것입
니다. 그리하면 여러분을 보고 예수 그리스도를 영접하게 될 것입니다.

✳✳✳

하나님께서 여러분과 저를 부르셨습니다. IMF 이후 사기꾼이 많아졌
다고 합니다. 이것은 우리의 생각이 건전하지 않다고 하는 뜻이기도 합니
다. 1억을 투자하여 2억을 벌 수 있다고 하는 공짜심리가 사기를 당하게
합니다. 어려움을 당할 때마다 자기를 보아야 합니다. 사기를 치는 사람
이나 당하는 사람 모두 사기성을 반반씩 가지고 있다고 볼 수 있습니다.

　사랑하는 성도 여러분! 하나님은 빛과 사랑이십니다. 빛 된 예수님 안에 거해야 행복합니다. 예수님 안에 있어야 분별력이 생깁니다. 예수님을 믿어야 칠흑처럼 어두운 세상에서 환한 빛이 보입니다. 여러분도 행복할 수 있습니다. 여러분은 물가에 심기운 나무입니다. 말씀 안에 있으면 복을 받습니다. 마음의 평강은 하나님의 복이요 선물입니다.

　올해 한해 놀라운 변화가 있을 것입니다. 하나님이 일할 수 있는 기회를 주실 때는 보상도 주십니다. 우리 모두는 시대 속에 갈렙처럼 복 받는 사람들이 되시길 바랍니다.

24 스스로 개척하라

"여호수아가 다시 요셉의 족속 곧 에브라임과 므낫세에게 일러 가로되
너는 큰 민족이요 큰 권능이 있은즉 한 분깃만 가질 것이 아니라
그 산지도 네 것이 되리니 비록 삼림이라도 네가 개척하라 그 끝까지 네 것이 되리라
가나안 사람이 비록 철병거를 가졌고 강할찌라도
네가 능히 그를 쫓아내리라"(17:17-18)

본문의 역사적인 배경은 야곱의 열두 아들에 대한 이야기입니다. 요셉이 애굽에 먼저 내려가서 하나님의 크신 역사로 애굽의 총리가 되었습니다. 흉년을 만난 형들이 아버지 야곱을 모시고 애굽으로 내려갔습니다. 그 후에 요셉도 세상을 떠나고 하나님이 예정한 때가 되어서 400년 만에 하나님이 약속한 땅으로 돌아오게 됩니다. 애굽에서 나올 때 하나

님이 모세를 통하여 홍해를 건너게 하시고 광야 40년을 인도하셨습니다. 모세가 세상을 떠난 후에 그의 시종 여호수아가 이스라엘의 지도자가 되었습니다. 여호수아를 중심으로 이스라엘 백성들은 가나안 모든 족속들을 치고 각지파마다 제비를 뽑아서 땅을 나누었습니다. 그럴 때 요셉의 후손이 여호수아를 찾아가서 "우리는 다른 지파 보다 인원이 많은데 다른 지파와 동일하게 한 분깃의 땅을 줍니까?"라고 불평을 하자 여호수아는 그들을 향해 "스스로 개척하라"라고 말을 합니다.

본문 속에 나타난 여호수아는 귀한 지도자임을 알 수 있습니다. 여호수아는 바로 요셉의 후손인 에브라임 지파입니다. 그렇지만 자기가 속한 지파에게 특별한 혜택을 주지 아니하고 하나님 앞에서 공평하고 바른 마음으로 분배를 했습니다. 요셉의 자손들은 에브라임과 므낫세 두 지파입니다. 그래서 두 몫을 달라고 하는 것입니다. 그러나 그들에게 주어진 것은 심히 넉넉하지 않았습니다. 여호수아가 요셉 후손들에게 철병거로 진을 치고 있는 땅을 스스로 개척하라고 합니다. 하나님께서 요셉 지파에게 주신 능력을 여호수아가 알고 있음을 볼 수가 있습니다. 요셉 자손들의 기업분배를 통해 함께 은혜를 나누고자 합니다.

1. "스스로 개척하라"고 하십니다.

우리가 살다보면 부모님에게 유산을 받을 때 "왜 나는 작게 주십니까?", 교회에서 교사직분이 맡겨질 때도 "왜 나에게 학생들을 많이 주지 않습니까?", 구역을 맡을 때도 "나에게 구역원을 많이 주십시오"라는 이야기를 듣습니다. 때로는 하나님을 향해서 여러가지환경에 대한 불평과 원망을 할 때도 있습니다. 그러나 하나님께서는 개척자의 정신으로 스스로 개척하는 것을 원하고 계십니다. 너의 인생을 새롭게 개척하라고 하십니다. 인생은 개척하기 나름입니다. 스스로 개척할 수 있는 결단이 있어야 합니다. 왜 여호수아는 요셉의 자손들에게 개척하라고 했습니까? 장래에 그들에게 엄청난 복이 있다는 것을 알고 있기 때문이었습니다. 우리도 개척자가 되면 하나님이 베푸시는 복을 누릴 수가 있습니다. 그러기 위해서는 현실과 주변 환경만 바라보지 말고, 낙심하여 못한다고 하지 말고, 불평하지 말아야 합니다. '이제는 끝이다 소망이 없다' 라고 자포자기하는 사람은 개척자가 될 수 없습니다.

개척자는 현실에 어둠이 온다고 할지라도 미래를 보는 눈이 있는 사람입니다. 눈앞의 현실만 보면 자포자기하기 쉽고 원망하고 불평합니다. 현실은 어렵고 고통스러울지라도 하나님께서 우리의 인생의 주인이시기 때문에 하나님을 의지하면서 가능성을 보아야 합니다. 기독교는 십자가의 종교입니다. 십자가를 버리면 껍데기입니다. 십자가는 땀과 눈물과 피와 생명을 말합니다. 하나님의 영광을 위하여 땀을 흘리고 피를 흘리면 하나님이 나를 위해 복을 주신다는 것을 알게 하는 것입니다.

요즘에 한국의 현실과 정치 현실을 보면서 실망이 많습니다. 흔히 남남갈등이라고 합니다. 어느 쪽에서는 나이 든 사람이 뭉치고 어느 쪽에서는 젊은 사람이 뭉쳤습니다. 이렇게 어려운 상황 속에서 우리 성도들은 주님 오실 날까지 원망과 불평 대신 영적 허리띠를 졸라매고 자신의 환경을 헤쳐 나가야 합니다.

서해안 고속도로 터널 앞에 '운전 중에 선글라스를 쓰고 터널 속으로 들어가지 마시오' 라는 글귀가 있습니다. 왜냐하면 태양을 가리는 안경을 쓰고 터널 속으로 들어가면 캄캄해져 사고의 위험이 있기 때문입니다. 이와 같이 인간의 유한한 이성으로 하나님의 교회에 오면 적응하기 힘들고 시험에 듭니다. 처녀가 어떻게 아이를 낳습니까? 사자굴에 들어가서 어떻게 살아나옵니까? 물고기 두 마리와 보리 떡 다섯 개로 어떻게 5천명을 먹입니까? 앉은뱅이와 중풍병자가 어떻게 일어납니까? 인간의 잣대로 보면 다 사기입니다. 그러나 하나님 편에서 보면 당연한 것입니다. 그러므로 터널 속으로 들어갈 때 안경을 벗어야 하듯이 교회에 들어오면 고정관념을 다 버리고 말씀에 귀를 기울여야 합니다.

2. 능력이 있으니 개척하라는 것입니다.

요셉 자손은 능력이 있는 지파입니다. 민수기에 보면 에브라임 지파에서 싸움에 나갈 수 있는 백성은 40,500명입니다. 므낫세 지파는 32,200명입니다. 도합 장정만 해도 72,700명입니다. 막강한 힘입니다. 그런 힘을 가지고 있음에도 불구하고 이미 빼앗아 놓은 땅만 달라고 하는 것입니다. 그러나 여호수아는 그 힘을 가지고 철병거를 가지고 있는 적들을 물리치고 스스로 땅을 차지하라고 명령합니다.

하나님께서 우리에게 건강, 지식, 환경, 물질을 주셨습니다. 그것을 어떻게 써야 합니까? "내가 모태에서 적신이 나왔사온즉 또한 적신이 그리로 돌아가올찌라 주신 자도 여호와시오 취하신 자도 여호와시오니 여호와의 이름이 찬송을 받으실찌니이다"(욥1:21)라고 말씀하십니다. 하나님께서 주신 것으로 스스로 개척해야 합니다. 여러분 중에 혹시 재물이 없어 힘든 사람이 있습니까? 하나님이 과거에 재물을 주셨을 때 어떻게 쓰셨습니까? 주의 일을 하고 선하게 쓰라고 주셨는데 잘못 쓰지는 않았습니까? 정치가 바뀔 때마다 권세를 잘못 사용한 사람들이 줄줄이 정죄를 받고 있습니다. 권력을 잘못 쓰면 시대가 지나면 악한 사람으로 남게 되는 것입니다.

어떤 주일학교 교사가 연말에 담임목사를 찾아왔다고 합니다. "목사님 내년에는 주일학교 교사를 못하겠습니다"라고 했다는 것입니다. 왜 그러냐고 물었더니 "직장이 너무 바빠서 주일 밖에 쉬는 날이 없는 데, 주일에 쉬지도 못하고 친구도 만나지 못하니 주일학교교사를 쉬고 친구도 만나고 집안일도 해야겠습니다"라고 했다고 합니다. "그래 바쁘니까 제일 먼저 빼버리는 것이 주일학교 교사입니까? 이 일이 그렇게 가치 없게 보입니까? 친구 한 번 덜 만나든지 한 시간 덜 자던지 하지, 주님을 위해 봉사하는 것을 제일 먼저 버리십니까? 그렇게 가치 없게 생각하면 그만 두십시오"라고 그 교사에게 말했다고 합니다. 정말 우리는 주님의 일을 가치 없게 생각을 합니다. 그래서는 힘 있는 사람이 되지 못합니다.

하나님은 우리에게 개척할 수 있는 능력을 주셨기 때문에 일을 맡기시는 것입니다. 여러분은 할 수 있습니다. 삼손의 손에 붙들렸던 당나귀 턱뼈가 일천 명의 블레셋 군사를 죽였듯이 하나님의 손에 붙들리면 여러분도 큰일을 할 수가 있습니다.

3. 문제의 겉모양만을 보지 말아야 합니다.

험한 산지와 철병거로 무장한 사람 앞에는 겁을 먹게 됩니다. 어떤 일이나 환경의 겉만 보면 시작하기 전에 두려워합니다. 이럴 땐 하나님의 약속을 믿어야 합니다. "오직 너는 마음을 강하게 하고 극히 담대히 하여 나의 종 모세가 네게 명한 율법을 다 지켜 행하고 좌로나 우로나 치우치지 말라 그리하면 어디로 가든지 형통하리니"(1:7) 여호수아에게 주신 말씀대로 죽을 각오를 하고 가면 강이 육지가 되고 철옹성이 평지가 되어서 여러분 앞에 굴복하게 될 것입니다.

여러분 왜 낙심하십니까? 왜 힘이 없습니까? 때로 육적인 사람이 되면 자신이 작게 보입니다. 열 명의 정탐꾼들은 탐지한 땅을 거민을 삼키는 땅으로 악평하고 그곳의 백성은 신장이 장대한 자들이며, 또 네피림 후손 아낙 자손 대장부들을 보았다고 하면서 자신들은 그들에 비하면 메뚜기 같다고 했습니다. '나는 안돼, 나는 배운 것이 없어, 가진 것이 없어, 배경이 없어' 라고 말하고 낙심을 합니다. 그러나 믿음이 있는 우리들은 '하나님이 함께 하시기 때문에 문제를 해결할 수 있을 거야' 라고 믿어야 합니다.

하나님은 심는 대로 거두게 하시지 공짜로 거두게 하시지 않습니다. 또한 내가 심었으니 내가 거두어야 한다는 생각도 버려야 합니다. 우리가 지금 거두고 있는 것은 우리가 심은 것이 아니라 우리 선배들과 조상들이 심은 것을 우리가 지금 누리고 있는 것입니다. 내가 심은 것을 후손들이 누리도록 해야 합니다. 교회도 마찬가지입니다. 후손들이 거둘 수 있도록 우리는 심는 부모가 되어야 합니다. 지금 나는 힘들고 어려워도 후손들은 아름다운 열매를 따먹을 수 있습니다.

***

사랑하는 성도 여러분! 하나님께서는 여러분과 저의 인생을 개척하라고 하십니다. 하나님은 믿음의 후손들에게 갑절의 힘과 영광을 주십니다. 후손들에게 재물을 남기겠습니까? 후손들이 믿음 생활 잘하도록 믿음을 남겨야 합니다. 하나님 앞에 복 받는 그릇이 되게 해야 합니다. 땅을 보면 개간을 하듯이 구역을 개척해야 합니다. 하나님의 말씀으로 많은 사람들과 아름다운 만남을 갖고 황무지를 일구는 개척자가 되어야 합니다. 이제는 노력하지 않고 무엇을 이루려고 하지 맙시다. 우리교회는 복지 개척자들입니다. 건강한 교회를 하는 개척자입니다. 사랑을 실천하는 개척자입니다. 그러나 개척자는 외롭습니다. "내게 능력 주시는 자 안에서 내가 모든 것을 할 수 있느니라"(빌4:13) 이런 믿음으로 개척하고 요셉의 후손들이 온 땅을 개척하여 누림을 받은 것처럼 여러분도 인생을 개척하여 좋은 열매를 남기시길 주의 이름으로 축원합니다.

25 어느 때까지 지체하겠느냐

여호수아 18:1-7

> "여호수아가 이스라엘 자손에게 이르되
> 너희가 너희 열조의 하나님 여호와께서 너희에게 주신 땅을 취하러 가기를
> 어느 때까지 지체하겠느냐 너희는 매 지파에 삼인씩 선정하라
> 내가 그들을 보내리니 그들은 일어나서 그 땅에 두루 다니며
> 그 기업에 상당하게 그려가지고 내게로 돌아올 것이라"(18:3-4)

지난 시간 '스스로 개척하라' 는 말씀을 들었습니다. 하나님은 복을 주신다고 약속하신 다음에 아무 노력 없이 그냥 주시는 것이 아니라 최선을 하도록 하십니다. 하나님은 믿음으로 산 사람의 후손을 늘 기억하시고 자손만대까지 복을 주시는 분입니다. 그러나 때로는 복 받은 것을 감당하지 못하여 하나님의 뜻대로 쓰지 못하는 부분들이 있습니다. 가난

한 사람은 부자가 되어 보아야 그 사람의 인격을 알 수가 있습니다. 반대로 부자는 가난하게 되어 보아야 그 사람의 인내와 믿음을 알 수 있습니다. 가난한 사람이 부자가 되어서 재물로 하나님께 영광을 돌리고 가난한 사람을 도운다면 믿음이 있는 사람입니다. 그리고 하나님께 더 큰 것을 관리하는 복을 받을 수 있습니다. 그러나 가난한 때를 생각하지 않고 현재에 교만한 삶을 산다면 다시 어려움을 당할 수도 있습니다.

요셉의 후손들도 마찬가지입니다. 하나님께서 복을 주시고 큰 민족이 되게 하셨는데 그 힘을 가지고 스스로 개척하라고 함에도 개척하지 않고 땅이 좁으니 땅을 더 달라고 합니다. 여호수아는 그들을 향하여 스스로 개척하라고 합니다. 하나님의 뜻이기 때문에 그렇게 말한 것입니다. 개척을 하라고 했을 때 두 지파는 당황을 했습니다. 그 땅이 그렇게 좋은 땅이 아니었고 철병거를 가진 사람들이 자리를 잡고 있었기 때문입니다. 여호수아는 영안으로 본 것이고 요셉 지파는 육안으로 본 것입니다. 육안으로 볼 때는 두려움을 가질 수밖에 없습니다.

가나 혼인 잔치에서 포도주가 떨어졌을 때에 예수님께서 "항아리에 물을 채워라 그리고 연회장에 내가라"고 하셨습니다. 여기에서 육안으로 보면 항아리에 물을 채워서 어떻게 포도주 그릇에 담아 연회장에 갖다 줄 수가 있느냐고 이의를 제기할 것입니다. 그러나 예수님은 갖다 주라고 합니다. 인간의 생각보다는 주님의 말씀에 순종하니 물이 포도주 되는 기적이 일어났습니다. 그 포도주는 극상품의 포도주였습니다. 그 잔치에 모인 모든 사람에게 신랑이 칭찬을 받았습니다. "말하되 사람마다 먼저 좋은 포도주를 내고 취한 후에 낮은 것을 내거늘 그대는 지금까지 좋은 포도주를 두었도다 하니라"(요2:10)

하나님의 말씀에 순종하면 기적과 같은 일이 일어나게 됩니다. 또한 하나님께서는 하지 못할 일을 시키지 않습니다. 하나님의 일은 창조적이므로 홍해수가 갈라지고 흘러내리던 물이 중단되고 물이 변하여 포도주 되는 기적이 일어납니다. 우리에게 시험을 주시는 것도 감당할 수 있기 때문에 주십니다. 하나님은 좋으신 하나님이십니다. 절대로 감당하지 못할 일을 주시지 않습니다. 혹 주실 때는 피할 길을 주신다고 하셨습니다. "사람이 감당할 시험 밖에는 너희에게 당한 것이 없나니 오직 하나님은 미쁘사 너희가 감당치 못할 시험 당함을 허락지 아니하시고 시험 당할 즈음에 또한 피할 길을 내사 너희로 능히 감당하게 하시느니라"(고전 10:13)

1. 하나님의 눈으로 자신을 보아야 합니다.

요셉 후손들은 자신들은 능력이 없다고 합니다. 그러나 여호수아는 요셉 지파에게 능력이 있다고 합니다. 때로는 자기 자신의 실력을 알 수 없을 때가 있습니다. 자신의 존재를 너무 작게 볼 때가 있습니다. 하나님의 눈으로 자신을 보아야 합니다. 많은 사람들이 실망하고 좌절하는 것은 자기의 눈으로 자기를 보아서 그렇습니다. 배경 없고 가진 것이 없어 실패할 수밖에 없다고 생각합니다. 그러나 하나님의 눈으로 보면 우리는 하나밖에 없는 독생자 예수 그리스도의 피로 산 위대한 존재, 성령을 부어 준 존재, 그리스도의 몸의 한 지체인 성도인 것입니다. 여러분은 하나님의 자녀입니다. 아버지의 능력을 아는 사람은 자녀로서 그 능력을 쓸 수가 있습니다. 무슨 일이든 할 수 있는 능력이 있습니다. 이것을 여호수아가 요셉 자손들에게 가르쳐 주고 있습니다.

하나님의 사람들은 상대를 보고 두려워하지 말아야 합니다. 산지에

있는 사람이 철병거로 무장을 했다고 싸워 보지도 않고 벌벌 떨어서는
안 됩니다. 철병거가 아니라 엄청난 핵폭탄을 가졌다고 하여도 하나님이
함께 하시면 이길 수 있다는 믿음을 가져야 합니다. 하나님이 여호수아
에게 주신 "마음을 강하게 하고 극히 담대히 하여 나의 종 모세가 네게
명한 율법을 다 지켜 행하고 좌로나 우로나 치우치지 말라"라는 말씀을
여러분과 저에게 주시는 말씀인줄로 온전히 믿어야 합니다. "안된다, 못
한다, 없다"라는 말은 성도의 말이 아닙니다.

집 나간 탕자는 모든 재산을 탕진했습니다. 아버지 품을 떠나서 허랑
방탕하게 살았기 때문입니다. 믿음도 재산도 사랑도 없어졌습니다. 가족
들에게 너그럽게 대할 수 있는 마음도 없어지게 됩니다. 아버지 품안에서
누렸던 모든 것을 잃었습니다. 그러나 아버지 품 안에 다시 올 때는 모든
것이 다시 생깁니다. 오랫동안 신앙생활하지 못하고 혹 낙심했던 일이 있
습니까? 여러분! 탕자가 아버지의 품으로 돌아오듯 아버지의 품안으로 돌
아와서 아버지의 사랑을 깨닫게 되기를 바랍니다. 사랑과 감사와 만족이
넘치게 될 것입니다. 하나님은 우리 모두를 사랑하시기 때문입니다.

환경을 두려워하지 말아야 합니다. 모든 것이 하나님의 손 안에 있습
니다. 이 땅에 어둠이 온다고 할지라도 왕 노릇하지 못하도록 우리는 빛
이 되어 어둠을 멀리 보내야 합니다. 우리는 정신을 차려야합니다. 우는
사자처럼 덤벼드는 원수마귀들, 이단, 잘못된 사상 속에 서 진리의 말씀,
기도와 거룩한 삶으로 이겨 나가기를 주님의 이름으로 축원합니다.

2. 지체하지 말아야 합니다.

"이스라엘 자손의 온 회중이 실로에 모여서 거기 회막을 세웠으니 그

땅이 이미 그들의 앞에 돌아와 복종하였음이나 이스라엘 자손 중에 그 기업의 분배를 얻지 못한 자가 오히려 일곱 지파라 여호수아가 이스라엘 자손에게 이르되 너희가 너희 열조의 하나님 여호와께서 너희에게 주신 땅을 취하러 가기를 어느 때까지 지체하겠느냐"(18:1-3)

7년간의 전투를 통하여 가나안을 점령해 놓고 차지한 땅으로 표시해 놓았습니다. 그러나 이스라엘 백성은 하나님이 주신 땅으로 들어가지 않고 자기들끼리 모여 있는 것입니다. 이때 여호수아는 그들을 꾸중하고 있습니다. "어느 때까지 지체하겠느냐?" 오늘날로 비유하면 "어느 때까지 세상에 빠져 있느냐? 어느 때까지 세속적으로 살겠느냐?" 우리의 신앙 상태를 꾸중하는 모습이기도 합니다. 이스라엘 백성들이 전투에서 다 이겨 놓고도 제자리에서 있다고 하면 어떻게 되겠습니까? 교회 안에 모여서만 신자 노릇을 하고 학교나 직장이나 사회에서는 신자 노릇을 하지 못하고, 눈앞에 놓인 작은 어려움 때문에 신앙생활을 잘 하지 못하는 우리들의 모습이기도 합니다. 찬송가 408장에 '찰싹거리는 작은 파도보고 맘이 졸여서 못 가네' 라는 가사가 있습니다. '세상을 이겼노라' 고 하지 못하고 두려워서 떨고 있다면 하나님 보시기에 어떻겠습니까?

저는 미국으로 건너간 청교도들을 아주 귀하게 봅니다. 그들은 신앙의 자유를 찾아 하나님이 복 주실 줄로 믿고 망망대해 푸른 바다를 향하여 하나님의 인도를 기다리며 항해했던 개척정신을 우리가 본받아야 합니다. 하나님께서 가나안 땅을 각 지파에게 나누어 주고 일을 맡기듯이 우리에게도 여러가지 직장을 주시고 다양한 사역을 맡겨주셨습니다. 가정의 일 또한 중요한 사역입니다. 자녀를 양육하게 하십니다. 각자 처한 곳에서 하나님의 영광을 돌리게 하셨습니다. 우리는 하나님께서 맡겨 주신 것에 충실해야 합니다. "그런즉 너희가 먹든지 마시든지 무엇을 하든지 다 하나님의 영광을 위하여 하라"(고전10:31) 온전히 헌신해야 합니다. 하나님 앞에서나 사람 앞에서 거룩하게 살아야 합니다. 가정 일에 소홀히 하면서 교회 일에 열심히 하는 사람이 있습니까? 시어머니를 구박하면서 새벽기도 다니는 사람이 있습니까? 직장에서 꾀를 부리면서 교회 자랑하는 사람이 있습니까? 회개해야 합니다. 우리는 어디를 가든지 그 지역에서 빛과 소금이 되어야 합니다.

3. 두루 다니라고 하십니다.

아직 땅을 얻지 못한 지파가 7지파입니다. 르우벤, 갓, 므낫세, 유다, 에브라임 다섯 지파만 땅을 분배받았습니다. 여호수아는 일곱 지파에게 대표 세 명씩을 선정하고 그들로 하여금 자기들이 분배받아서 살아갈 땅을 정탐한 후 그려가지고 오라고 했습니다. 지체하지 말라고 책망을 합니다. 머뭇거리고, 망설이며 생각에만 잠겨있지 말라는 것입니다. 소원만 되풀이하고 앉아있지 말라는 것입니다. 게으름과 나태함을 버리고 항상 최선을 다 해야 합니다. 과거의 시간에 얽매여서 과거의 사건에 얽매여서 주춤거려서는 안 됩니다. 누웠거나 앉아서는 할 수 있는 것, 볼 수 있는 것, 만날 수 있는 것이 제한되어 있습니다. 일어나서 행함으로 출발해야 합니다.

그림을 그리러 나가는 백성들에게 '두루 다니라' 고 명령합니다. 두루 다니는 것은 숨이 차고, 배고프고, 목마르며 힘든 싸움입니다. 하나님은 이러한 노력을 요구하십니다. 생명의 위험을 느낄 수도 있지만 감수해야 하는 것입니다. 생각지도 않았던 어려움을 겪을 수도 있고 한숨을 지을 수도 있습니다. 세상 속에서, 어둠 속에서 생명의 위험을 느낄 때도 있습

니다. 그러나 하나님이 말씀하신대로 행하면 모든 것이 아름답게 이루어
집니다. 하나님의 뜻대로 살다보면 때로는 억울한 일을 당할 수도 있습
니다. 그러나 하나님이 인정하시는 길이라면 두루 다녀야합니다.

이제는 머뭇거리지 말고 하나님이 차지하라고 하는 땅을 향하여 행동
을 옮겨야 할 때입니다. 앉아서 머뭇거리지 말고 찾아야 합니다. 꿈을 가
져야 합니다. 물에 빠진 베드로가 "예수님 살려 주세요", 소경 바디메오
가 "예수님 고쳐주세요" 한 것처럼 하나님께 부르짖어야 합니다.

✻✻✻

사랑하는 성도 여러분! 오늘 일곱 지파를 향하여 '머뭇거리지 말라,
어느 때까지 지체하겠느냐' 라는 말을 가슴 깊이 아로새기고 자신들에게
분배된 땅을 찾는 역사를 이루길 바랍니다. 우리교회도 이제는 성장합니
다. 교회가 성장한다는 말은 여러분이 성장한다는 이야기입니다. 세상이
아무리 어둡고 시끄러워도 우리가 빛이 되면 우리의 사명을 다하는 것입
니다. 우리는 사랑의 은사를 가지고 복을 빌고 하나님이 역사할 때까지
기다리고 감사하며 주님을 바라보시기를 축원합니다. 할렐루야!

26 도피성으로 들어가라

"여호와께서 여호수아에게 일러 가라사대
이스라엘 자손에게 고하여 이르라
내가 모세로 너희에게 말한 도피성을 택정하여 부
지중 오살한 자를 그리로 도망하게 하라
이는 너희 중 피의 보수자를 피할 곳이니라"(20:1-3)

구약시대에 욥이라는 사람이 있었습니다. 욥은 잔치가 끝나면 자녀의 수대로 하나님 앞에 번제를 드렸습니다. 혹시라도 하나님께 범죄를 했을까봐 염려가 되어서입니다. "그 잔치 날이 지나면 욥이 그들을 불러다가 성결케 하되 아침에 일어나서 그들의 명수대로 번제를 드렸으니 이는 욥이 말하기를 혹시 내 아들들이 죄를 범하여 마음으로 하나님을 배

반하였을까 함이라 욥의 행사가 항상 이러하였더라"(욥1:5)

지난 추석에 어떻게 지냈습니까? 추석을 지내면 좋은 일과 좋지 않은 일이 있게 마련입니다. 오랜만에 모인 형제들이 하나님께 예배드리고 덕담을 나누고 약한 형제를 도와주고 부모님께 효도한 사람도 있겠고, 형제간에 경제적인 우월과 그렇지 못한 것 때문에 자존심이 상하고 지난 과거 바람직하지 못한 일로 인하여 싸우고 마음 상하여 헤어진 사람도 있을 것입니다. '사촌이 땅을 사면 배가 아프다' 라는 속담이 있는데 이것은 아주 세속적인 것입니다. 믿는 사람은 동기간이 잘되면 기뻐하고 축하를 해 주어야 합니다.

우리나라는 어디를 가나 십자가를 볼 수 있습니다. 우리나라는 나라와 민족을 위하여 기도하는 사람이 많이 있습니다. 그래서 소망이 있습니다. 하나님이 함께 하시면 광야나 반석이라도 먹을 것과 마실 것을 얻을 수 있다는 믿음이 있습니다. 사람이 살다가 보면 울 때가 있으면 웃을 때가 있고, 만나면 헤어질 때가 있고 낮아질 때가 있으면 높아질 때가 있고, 살 때가 있고 죽을 때가 있습니다. 인생이 가장 중요한 것은 누구의 보호를 받느냐에 따라서 그 사람의 실력이 인정됩니다. 양은 목자의 실력만큼 보호 받고 자녀는 부모의 실력만큼 보호를 받습니다.

여러분과 저는 하나님의 자녀입니다. 하나님이 우리의 아버지입니다. 이스라엘을 세우시고 모세를 세우고 법을 만드신 하나님이 우리의 아버지입니다. 철병거로 무장한 애굽의 바로왕도 하나님을 믿는 모세 앞에 손을 들었습니다. 병력이 많고 적음에 승리가 있는 것이 아니고 돈이 많고 적음에 행복이 있는 것이 아니고 내가 하나님과 함께 하느냐에 따라서 행복이 결정됩니다.

하나님은 택한 백성을 애굽에서 불러냈습니다. 광야를 통과해서 가나안 복지에 들어가기를 원했습니다. 모세가 세상을 떠날 때 여호수아를 모세의 후계자로 세웠고 모세에게 주었던 능력을 여호수아에게 주었고 여리고성과 아이성을 치게 하셨습니다. 그리고 하나님은 이스라엘 백성이 행복하게 살기를 원했습니다.

행복은 질서를 지킬 때에 가능합니다. 부모가 부모로서 자녀에게 좋은 대접을 받을 때에 좋은 가정이 됩니다. 그리고 생명이 보존되고 의가 상을 받고 죄가 벌을 받아야 좋은 세상입니다. 그래서 하나님이 모세를 통해서 이렇게 말씀 하셨습니다. "회중이 친 자와 피를 보수하는 자 간에 이 규례대로 판결하여"(민35:24) "눈은 눈으로, 이는 이로, 손은 손으로, 발은 발로"(출21:24)

하나님은 이스라엘 백성에게 죄의 결과에 대한 법을 말씀 하셨습니다. 그러나 그 법만 이야기 하지 않았습니다. 하나님은 모세를 통하여 이같이 말씀하셨습니다. "너희를 위하여 성읍을 도피성으로 정하여 그릇 살인한 자로 그리로 피하게 하라"(민35:11) 또한 여호수아에게도 말씀하셨습니다. "이스라엘 자손에게 고하여 이르라 내가 모세로 너희에게 말한 도피성을 택정하여 부지중 오살한 자를 그리로 도망하게 하라 이는 너희 중 피의 보수자를 피할 곳이니라"(20:2-3)

1. 하나님은 억울한 죄인을 보호하시길 원하십니다.

사람을 고의로 죽인 것이 아니어도, 나무를 패다가 도끼자루가 빠져 실수로 사람이 죽으면 그 가족들이 살인자를 죽여도 죄가 되지 않습니다. 법으로 그렇게 했기 때문입니다. 그래서 하나님은 이런 사람을 보호하기 위해서 도피성을 만들라고 했습니다. 너무 억울하게 살인자로 몰리는 사람을 위해서 도피성을 만들라고 하신 것입니다. 이스라엘 백성 중에 살인한 자는 하나님의 도피성으로 들어와야 합니다. "그 성읍들의 하나에 도피하는 자는 그 성읍에 들어가는 문 어귀에 서서 그 성읍 장로들의 귀에 자기의 사고를 고할 것이요 그들은 그를 받아 성읍에 들여 한 곳을 주어 자기들 중에 거하게 하고 피의 보수자가 그 뒤를 따라온다 할찌라도 그들은 그 살인자를 그의 손에 내어 주지 말찌니 이는 본래 미워함이 없이 부지 중에 그 이웃을 죽였음이라"(20:4-5)

도피성에 오면 자기의 죄를 고해야 합니다. 그러면 하나님께서 죄인을 살피고 보호합니다. 부지중에 죽였는지 고의로 죽였는지는 제사장이 결정을 내립니다. 그 때 고의로 죽였으면 그곳에서 머물지 못하고 죽게 되고 고의성이 없으면 제사장이 죽기까지 그곳에 머물게 됩니다. 우리 모두는 죄인입니다. 남을 보고 미워하는 것도 살인죄요 사람을 보고 음욕을 품는 것도 간음죄요 이미 마음속에 욕심을 품는 것은 도둑질 한 죄입니다. 죄를 수없이 많이 지고 사는 것이 사람입니다. "기록한바 의인은 없나니 하나도 없으며"(롬3:10)라고 성경은 말하고 있습니다.

우리 모두는 예수님께로 와야 합니다. 여기에 깊은 진리가 있습니다. 예수 그리스도께서 우리의 죄를 위하여 대신 죽으셨으며 우리가 예수님을 믿음으로 말미암아 하나님의 나라에 갈 수 있게 된 것입니다. 예수님은 죄인의 도피성이 되시므로 예수님께로 오면 반드시 보호를 받게 됩니다. 사람은 누구나 죄를 범할 수 있습니다. 다만 정도 차이일 뿐이지 죄가 전혀 없는 자는 없습니다. 그러므로 어떠한 죄를 범하였다고 할지라도 낙심하지 말고 예수님께 나와서 회개하면 어떠한 죄라도 용서하시고 품어주십니다.

이스라엘 백성에게 가장 큰 축복은 억울하게 죽게 하지 않겠다는 것입니다. 도피성이 있기 때문입니다. 하나님은 이스라엘 백성들이 억울하게 죽는 것을 원하지 않기 때문에 각성에 도피성을 만들었습니다. 그 곳으로 가는 길을 잘 닦아 주었습니다. 이스라엘 전역 어디에서든지 하룻길에 갈 수 있도록 했습니다. 이정표를 만들어서 길을 잘 알아보도록 했습니다. 도피성은 구원을 기다리는 사람의 장소입니다.

2. 도피성에서 해야 할 일은 기도하는 것입니다.

도피성으로 간 사람은 우선 자신이 죄인임을 시인하며 자신의 죄를 고백해야 합니다. 또한 도피성에는 누가 데려다 주지 않습니다. 본인 스스로 가야 합니다. 그리고 대제사장이 죽으면 도피성으로 피신했던 사람의 죄가 사하게 되어 고향으로 갈 수 있습니다. 대제사장의 죽음으로 대신 은총이 내려집니다. 왜냐하면 이 도피성은 장차 오실 예수 그리스도의 그림자요 상징이기 때문입니다. 누구든지 예수 그리스도의 십자가 아래에서 우리의 과실에 대한 죄를 사함 받을 수 있습니다. 예수님께 오기만 하면 대제사장인 예수님의 죽으심으로 우리는 죄에서 해방됩니다. "수고하고 무거운 짐진 자들아 다 내게로 오라 내가 너희를 쉬게 하리라 나는 마음이 온유하고 겸손하니 나의 멍에를 메고 내게 배우라 그러면 너희 마음이 쉼을 얻으리니"(마11:28-29)

도피성 안에서만 삶의 보람이 있고 영원한 세계가 보장됩니다. 애원하며 부르짖으며 간구하는 자의 발길은 하나님께서 막대기와 지팡이로 삶을 인도해 주십니다. 우리가 살다보면 부지중에 양심에 가책이 되는 일을 할 때가 있습니다.

과거 월남전에 참전했던 사람이 있었습니다. 그 분은 특수부대에 있어서 사람을 죽였습니다. 그 후에 그는 악몽을 꾸면서 괴로워했습니다. 그러던 어느 날 예수 그리스도를 그의 구주로 영접한 후에 악몽에서 해방되고 모든 죄에서 자유함을 얻을 수 있었습니다. 성령께서는 우리에게 자유를 주십니다. 성령은 열매로 맺어지는 아름다운 생활을 갖게 합니다.

도피성을 찾는 사람들의 특징은 자신이 죄인이라는 것을 깨닫고 생명을 귀하게 여기는 것입니다. 우리는 우리의 죄를 서로 용서해야 합니다. 예수님께서 우리의 죄를 모두 용서해 주시기 때문입니다. "우리가 우리에게 죄 지은 자를 사하여 준 것같이 우리 죄를 사하여 주옵시고" (마6:12)

설교를 들을 때마다 가슴을 치고 눈물을 흘리는 사람이 있는가하면, 말씀을 들어도 아무 감각이 없는 사람이 있습니다. 자신의 죄가 보여 지고 자신의 죄로 인하여 눈물을 흘리는 사람을 하나님은 의롭다 하십니다. 성도들은 하나님 앞에서 죄인임을 고백하는 것이 중요합니다.

사랑하는 성도 여러분! 우리가 죽을 수밖에 없는 죄인임을 고백해야 합니다. 이때 진정한 도피성의 의미와 고마움을 알게 됩니다.

3. 도피성은 사람을 차별하지 않습니다.

도피성은 이스라엘 백성들에게 주신 은혜이지만 타국인도 이것을 적용할 수 있고 사용할 수 있었습니다. "이 여섯 성읍은 이스라엘 자손과 타국인과 이스라엘 중에 우거하는 자의 도피성이 되리니 무릇 그릇 살인한 자가 그리로 도피할 수 있으리라" (민35:15)

도피성은 인종을 초월하여 사용할 수 있는 곳이었습니다. 세계 모든 사람들이 이곳으로 들어오면 구원을 받을 수 있는 것입니다. 예수 그리스도로 인한 구원은 모든 민족에게 차별이 없습니다. 모든 민족에게 임하는 하나님의 은총의 선물입니다. 그러나 구원 받은 백성에게는 항상 마귀의 유혹이 있습니다. 삼손도 미모의 유혹에 넘어가 데릴라의 무릎을 베고 자는 실수를 범하여 결국 자신의 비밀을 누설하고 눈알이 빠졌습니다. 포로가 되어 수모를 당했습니다. 솔로몬도 많은 여인들을 사랑함으로 마귀의 유혹에 넘어갔고 결국 하나님을 떠나는 실수를 범하게 됩니다. 하나님을 떠나면 그 민족이 어려움을 당하게 됩니다. 가정이 어려움을 당하게 됩니다. 우리는 죄와 계속해서 싸워서 이겨야 합니다. 마귀를 대적하기 위하여 전신갑주를 입어야 합니다. "마귀의 궤계를 능히 대적하기 위하여 하나님의 전신갑주를 입으라"(엡6:11)

✱✱✱

사랑하는 성도 여러분! 도피성을 떠나지 않도록 하십시다. 하나님의 전신갑주를 입으십시다. 진정한 인생의 누림은 예수 그리스도로 인하여 열려있는 영원한 천국입니다. 태풍 매미로 많은 사람들이 시련에 잠겨있습니다. 이 땅에서 이곳을 보아도 저곳을 보아도 소망이 없습니다. 그러나 낙심하지 않습니다. 우리에게는 천국을 바라보는 지혜가 있습니다. 우리에게는 천국을 바라보는 꿈이 있습니다. 교회도 꿈이 있습니다. 하나님께서 이루어 주실 것입니다. 이스라엘 백성들에게 다가 온 것은 홍해와 광야, 즉 어려움이었지만 모세가 있는 곳에는 꿈이 있었습니다. 주저하지 말고 당당하게 싸워서 맞섭시다. 땀 흘려 일하면서 자족하고 찬송하면서 살기를 주의 이름으로 축원합니다.

약속을 지키시는 하나님

여호수아 21:43-45

"여호와께서 이스라엘의 열조에게 맹세하사 주마하신
온 땅을 이와 같이 이스라엘에게 다 주셨으므로 그들이 그것을 얻어 거기 거하였으며
여호와께서 그들의 사방에 안식을 주셨으되 그 열조에게 맹세하신 대로 하셨으므로
그 모든 대적이 그들을 당한 자가 하나도 없었으니
이는 여호와께서 그들의 모든 대적을 그들의 손에 붙이셨음이라
여호와께서 이스라엘 족속에게 말씀하신 선한 일이 하나도 남음이 없이 다 응하였더라"(21:43-45)

하나님은 천지만물을 창조하셨습니다. 그리고 자신의 형상으로 사람을 만드시고 누리고 다스리는 특권을 주셨습니다. 그러므로 사람은 아주 가치 있는 존재입니다. "하나님이 그들에게 복을 주시며 그들에게 이르시되 생육하고 번성하여 땅에 충만하라, 땅을 정복하라, 바다의 고기와 공중의 새와 땅에 움직이는 모든 생물을 다스리라 하시니라"(창1:28)

그 후 하나님은 사람에게 에덴동산에 있는 선악을 알게 하는 나무실과를 먹지 말라고 했습니다. 그러나 최초의 여자인 하와가 뱀의 말을 듣고 하나님이 금하는 것을 먹었습니다. 그리고 사랑하는 남편 아담에게도 먹게 했습니다. 그 후 에덴동산에서 쫓겨났습니다. 이것은 "먹는 날에는 정녕 죽으리라"는 약속이 응하게 된 것입니다. 하나님은 선악간의 약속을 지키시는 분이십니다.

사람의 죽음은 하나님의 징계의 약속대로 이루어진 것입니다. "아담에게 이르시되 네가 네 아내의 말을 듣고 내가 너더러 먹지말라 한 나무실과를 먹었은즉 땅은 너로 인하여 저주를 받고 너는 종신토록 수고하여야 그 소산을 먹으리라 땅이 네게 가시덤불과 엉겅퀴를 낼 것이라 너의 먹을 것은 밭의 채소인즉 네가 얼굴에 땀이 흘러야 식물을 먹고 필경은 흙으로 돌아가리니 그 속에서 네가 취함을 입었음이라 너는 흙이니 흙으로 돌아갈 것이니라 하시니라"(창3:17-19)

오늘의 불경기나 고통은 모두 하나님의 약속을 저버린 죄의 결과로 보아야 될 것입니다. 우리 주위에 일어나는 크고 작은 일들 속에는 하나님의 교훈이 들어 있음을 깨달아야 합니다. 하나님은 자신의 약속을 꼭 지키시는 분이십니다. 하나님의 약속을 믿고 따르면 그의 열매가 아름답습니다. 참된 신앙인은 '하나님께서는 우리의 어려움을 보고 계십니다. 감당할 시험만 주십니다. 감당하지 못할 때면 피할 길을 주십니다.' 라고 고백해야 합니다.

사람은 약속한 것을 지키지 못하는 경우가 많습니다. 마음이 없어서가 아니라 힘이 없어서 약속을 이행하지 못할 때가 있습니다. 때로는 약속한 것을 의도적으로 지키지 않는 경우도 있습니다. 그래서 싸움도 하고 재판도 합니다. 이 세상의 문제는 약속을 지키지 않아서 생기는 문제들이 많이 있습니다. 부부간의 사랑의 약속, 천륜으로 주어진 양육의 약속, 부모님에 대한 효도의 약속, 세례 받을 때 하나님에 대한 약속, 집사로 임명 받을 때의 약속 등 지키지 못할 때가 있습니다. 그러나 하나님은 자신의 약속을 지키십니다. 그렇기 때문에 하나님을 믿는 성도는 하나님과 사람에 대한 약속을 지키기 위해 노력해야 합니다.

1. 여호와는 이스라엘 백성에게 약속을 지켰습니다.

"여호와께서 이스라엘의 열조에게 맹세하사 주마하신 온 땅을 이와 같이 이스라엘에게 다 주셨으므로 그들이 그것을 얻어 거기 거하였으며"(21:43) 하나님은 사람에게 하신 약속은 꼭 지키시는 분이십니다. 하나님께서 이스라엘을 애굽에서 인도하여 40년의 광야생활을 하게 하였습니다. 가나안 땅으로 들어가는 광야 길에는 불평과 불안정의 연속이었습니다. 잠시도 아닌 40년입니다. 그 세월은 고통의 나날이었습니다. 우리 민족의 일본 36년 식민지생활의 참상의 기간보다 4년이나 많은 세월입니다. 그 기간동안 천막을 치며 옮겨 다녔습니다. 음식도 늘 같은 만나와 메추라기를 먹었습니다. 애굽에서 먹던 생선과 외와 마늘과 파와 부추 등은 없고 하나님이 주는 것만을 먹고 지내야 했습니다. 놀이문화도 없고, 농사지을 곳도 없는 거친 사막을 지나면서 가나안으로 향해야 했습니다.

직선으로 가면 얼마 멀지 않은 거리였습니다. 그러나 40년이 걸린 것은 애굽의 가치관을 버리고 하나님의 백성으로 살게 하시기 위해 연단하신 것입니다. 약속하신 가나안에 들어가기까지 40년 걸린 것은 가나안의 땅을 누릴 수 있는 그릇을 만들기 위해서입니다. 하나님은 사람에게 복을 주시겠다고 약속하시고 그냥 주시는 분이 아니라 그 복을 누릴 수 있는 실력이 될 때 주십니다. 그러므로 당장 기도가 이루어지지 않는다고 낙심하지 마십시오. 그릇만 되면 약속대로 머리가 되고, 꼬리가 되지 않게 하십니다.

자녀가 요구할 때 부모는 모든 것을 허락만 합니까? "그래 해 주겠다, 기다려라, 안된다" 세 가지로 응답함같이 하나님도 그렇게 하십니다. 이스라엘 백성에게 40년 동안, 연단은 하셨지만 가나안에 들어가게 하시리란 말씀, 그 약속을 지키셨습니다.

2. 하나님은 택한 백성의 땅을 대적에게서 지켜 주십니다.

"여호와께서 그들의 사방에 안식을 주셨으되 그 열조에게 맹세하신 대로 하셨으므로 그 모든 대적이 그들을 당한 자가 하나도 없었으니 이는 여호와께서 그들의 모든 대적을 그들의 손에 붙이셨음이라" (21:44)

하나님은 복 주심에서 끝나는 것이 아니라 그 복을 지켜주십니다. 주변의 세력을 잠재워주십니다. 생각해 봅시다. 복만 많이 받았다고 안전하고 행복합니까? 돈보고 도적이 들고, 외적이 침입하다보면 얼마나 불행하겠습니까? 이스라엘 백성이 차지한 땅은 과거에 다른 민족이 차지하고 있었던 것입니다. 그들을 몰아내고 사는 것이기 때문에 문제는 매우 심각합니다. 그러나 하나님이 지키심으로 평안하게 살 수 있었습니다. 그 자체가 이스라엘 백성이 받는 복이요 하나님의 보호의 능력이라고 봅니다. 지금 이라크에서는 미국 사람들이 계속 공격을 받고 있습니다. 그때마다 본국의 군사, 군함, 물자의 지원으로 극복해 갑니다. 이스라엘 백성이 가나안에 들어갔을 때 하나님의 보호가 없이 그들이 저항했다면 잠시도 평안의 날이 없었을 것입니다.

하나님의 능력 앞에는 법, 윤리, 도덕이 다 완성됩니다. 하나님의 뜻은 은혜와 능력을 따르며 하나님께서 하시는 일이 이해가 되지 않아도 순응하며 살아야 한다는 것입니다. 그리고 좋으신 하나님을 확신하면서 살아야 합니다. 하나님은 무엇을 심든지 그대로 거두게 하십니다. 하나님의 약속은 진리입니다. 악인이 잘되는 것 같으나 결국에는 선인이 잘 됩니다. 하나님이 이스라엘 백성에게 가나안 땅을 주셨습니다. 그리고 그 주위의 사람을 잠재우사 행복을 누리게 했습니다. 그와 같이 하나님은 우리에게 은총을 베푸시고 언제나 보호하십니다. 하나님이 악인들을 스스로 물리쳐 주심으로 이스라엘 백성이 평안했습니다.

하나님은 우리 민족을 영적으로 보호하고 있습니다. 오늘 우리가 당하는 불경기, 태풍, 정치적 분열 등이 우리를 성적, 사상적 타락에서 보호하시는 막대기로 보는 영적 시각도 있습니다. 환경을 두려워함 보다는 범사에 감사하고 예수님을 바라보아야 합니다. 선을 행하고도 칭찬이 없으면 예수님을 바라보면 됩니다. 우리 교회와 성민원이 예수님 운동하면 핍박과 축복을 받게 됩니다. 하나님은 자신의 방법대로 택한 백성을 보호하십니다.

3. 하나님은 약속한 것을 다 이루십니다.

"여호와께서 이스라엘 족속에게 말씀하신 선한 일이 하나도 남음이 없이 다 응하였더라"(21:45) 사람은 약속을 다 지킬 수가 없습니다. 대통령이 약속한 것도 다 지키지는 못합니다. 법적 계약도 이루지 못할 때가 있습니다. 해 아래서의 약속은 다 불안한 것입니다. 그러나 하나님의 약속은 다 이루어집니다. 목회하다보니 제가 계획한 대로 되는 것이 아니라 하나님께 기도한 대로 이루어지는 것을 체험했습니다. 제가 하고 싶은 것이 있으면 기도합니다. 기도하면 기도해 놓고 잊어버린 것까지도 이루어 주시는 것을 체험합니다.

무엇을 하겠다는 계획보다 하고자 하는 소원과 기도만 있으면 소망이 있습니다. 믿음과 인내로써 오직 간구해야 합니다. 하나님은 한번 약속하신 것은 지키십니다. "그런즉 너는 알라 오직 네 하나님 여호와는 하나님이시요 신실하신 하나님이시라 그를 사랑하고 그 계명을 지키는 자에게는 천대까지 그 언약을 이행하시며 인애를 베푸시되"(신7:9) 그렇습니다. 이스라엘 백성에게 가나안의 약속을 지키심 같이 하나님이 약속하신 예수님을 보내셨습니다. 예수 믿는 사람은 영원한 나라 행복의 나라 천국에서 영원히 누립니다. "곧 하나님이 예수를 일으키사 우리 자녀들에게 이 약속을 이루게 하셨다 함이라 시편 둘째 편에 기록한 바와 같이 너는 내 아들이라 오늘 너를 낳았다 하셨고"(행13:33)

"곧 육신의 자녀가 하나님의 자녀가 아니라 오직 약속의 자녀가 씨로 여기심을 받느니라"(롬9:8) 과거에 진실에 대한 말을 하고 현재에 그 진실을 이루려고 노력하는 사람은 미래에 그 진실을 이룰 수 있습니다. "그런즉 사랑하는 자들아 이 약속을 가진 우리가 하나님을 두려워하는 가운데서 거룩함을 온전히 이루어 육과 영의 온갖 더러운 것에서 자신을 깨끗케 하자"(고후7:1) "만일 그 유업이 율법에서 난 것이면 약속에서 난 것이 아니리라 그러나 하나님이 약속으로 말미암아 아브라함에게 은혜로 주신 것이라"(갈3:18) 하나님의 약속은 아무리 죄가 많은 자라도 하나님의 독생자 예수님이 그 죄를 대속했기 때문에 예수님만 믿으면 구원을 받는다는 것입니다. 예수님의 보혈의 피를 믿으면 죄 문제가 해결됩니다.

✷ ✷ ✷

사랑하는 성도 여러분! 하나님은 사람들이 부패했던 노아시대에도 노아에게 말씀하신 약속을 이루시고 노아를 보호하셨습니다. 부족한 우리라도 예수님 통해 은혜에 참여할 수 있습니다. 일용할 양식이 보장됩니다. 자신을 축복하며 이 민족을 축복하십시오. 자신보다 나은 사람, 못한 사람, 모두 축복합시다. 그리고 하나님의 신실하심을 믿읍시다. 하나님의 뜻대로 기도하면 무엇이든지 들어 주시겠다는 하나님의 약속을 믿으며 매일의 삶에서 승리를 체험하시길 주의 이름으로 축원합니다.

28 하나님이 원하시는 삶과 누림

> "크게 삼가 여호와의 종 모세가 너희에게 명한 명령과 율법을 행하여
> 너희 하나님 여호와를 사랑하고 그 모든 길로 행하며 그 계명을 지켜
> 그에게 친근히 하고 너희의 마음을 다하며 성품을 다하여 그를 섬길찌니라 하고
> 여호수아가 그들에게 축복하여 보내매 그들이 자기 장막으로 갔더라"(22:5-6)

하나님의 약속은 중단됨이 없으며 시대를 초월하여 지켜집니다. 마리아와 마르다의 가정에 어려움이 있었을 때에 예수님이 오셨습니다. 이때 두 자매는 예수님께서 늦게 오셨다고 원망을 하였습니다. 그러나 예수님은 죽은 나사로를 살렸습니다. 환경과 시대에 관계없이 약속을 지키십니다.

하나님이 아브라함에게 후손을 주신다고 약속하셨습니다. 이 약속을 받을 당시에는 전혀 기미가 보이지 않았습니다. "그를 이끌고 밖으로 나가 가라사대 하늘을 우러러 뭇별을 셀 수 있나 보라 또 그에게 이르시되 네 자손이 이와 같으리라 아브람이 여호와를 믿으니 여호와께서 이를 그의 의로 여기시고 또 그에게 이르시되 나는 이 땅을 네게 주어 업을 삼게 하려고 너를 갈대아 우르에서 이끌어 낸 여호와로라"(창15:5-7)

이에 아브람은 하나님께서 취하라고 하신 암염소와 삼년 된 수양과 산비둘기와 집비둘기를 가지고 번제를 드릴 때에 새는 쪼개지 아니하였고 솔개가 그 사체 위에 내렸습니다. 이 때 해가 지고 아브람이 깊이 잠든 중에 하나님께서 아브람에게 말씀하셨습니다. "여호와께서 아브람에게 이르시되 너는 정녕히 알라 네 자손이 이방에서 객이 되어 그들을 섬기겠고 그들은 사백 년 동안 네 자손을 괴롭게 하리니 그 섬기는 나라를 내가 징치할찌며 그 후에 네 자손이 큰 재물을 이끌고 나오리라 너는 장수하다가 평안히 조상에게로 돌아가 장사될 것이요 네 자손은 사대 만에 이 땅으로 돌아오리니 이는 아모리 족속의 죄악이 아직 관영치 아니함이니라 하시더니 해가 져서 어둘 때에 연기 나는 풀무가 보이며 타는 횃불이 쪼갠 고기 사이로 지나더라 그 날에 여호와께서 아브람으로 더불어 언약을 세워 가라사대 내가 이 땅을 애굽 강에서부터 그 큰 강 유브라데까지 네 자손에게 주노니 곧 겐 족속과 그니스 족속과 갓몬 족속과 헷 족속과 브리스 족속과 르바 족속과 아모리 족속과 가나안 족속과 기르가스 족속과 여부스 족속의 땅이니라 하셨더라"(창15:13-21)

하나님께서는 아브라함에게 약속하신 대로 이스라엘 백성들은 애굽에서 종살이를 하였고 애굽에서 나와서 가나안을 향하여 전쟁을 하게 되었습니다. 하나님은 출애굽 약속을 모세를 통해 이루셨습니다. 또 모세가 가나안 땅까지 들어가지 못하게 되니까 여호수아를 통하여 하나님과의 약속을 이스라엘 백성에게 이루어주셨습니다. 하나님의 뜻을 행하는 과정에서 오는 고충은 믿음으로만 극복할 수 있는 것이었습니다. 애굽에서의 열 가지 재앙으로 강퍅한 바로를 굴복시키셨고, 홍해를 건너는 사건과 불신앙의 사람들이 광야에서 모두 다 죽는 사건이 있었습니다. 이 길은 고통의 연속입니다. 애굽에서 나온 장정들, 애굽의 문화를 사랑하는 이들이 광야에서 죽었는데 상당히 많은 사람이 하루에 죽었습니다. "레위 자손이 모세의 말대로 행하매 이 날에 백성 중에 삼천 명 가량이 죽인 바 된지라"(출32:28) 또한 광야에서 하나님의 권위에 도전하는 고라 당이 일어나 모세와 대적하는 일이 일어나기도 했습니다.

택한 백성이 가는 길은 매우 힘들고 어려운 것입니다. 그렇다고 이스라엘 백성이 불행합니까? 절대로 아닙니다. 그들은 어떤 민족보다 화려한 삶을 살았습니다. 감격과 환희가 있었습니다. 택한 백성은 하나님의 손에 붙잡혀 기적을 보면서 승리의 노래를 불렀습니다.

오늘은 가나안에 들어와서 열심히 살았던 르우벤 사람과 갓 사람과 므낫세 반 지파의 칭찬과 누림에 대하여 말씀을 드리려고 합니다.

어느 시대나 칭찬 받는 사람이 있고 책망 받는 사람이 있습니다. 실패하는 사람과 성공하는 사람도 있습니다. 여호수아 당시, 전쟁에 참여한 지파에게 칭찬하고 복을 주고 많은 재물을 주어서 집으로 돌아가는 영광을 받은 사람들의 삶을 통해 우리는 큰 은혜 받아야 합니다.

하나님의 약속으로 가나안 전쟁은 끝이 났습니다. 그리고 분배도 마쳤습니다. 전쟁은 약 5년, 분배는 2-3년 정도 기간이 걸렸습니다. 12지파 중에서 가장 먼저 안정된 지파가 르우벤 지파와 갓 지파와 므낫세 반지파입니다. 그들은 가나안에 들어오기 전, 요단강을 건너기 전에 자신들의 땅을 받았습니다. 그러므로 그들은 자신들의 가족을 요단 저편에 세우고 약 7년 동안 이스라엘이 여리고성, 아이성을 치면서 승리할 수 있도록 여호수아를 도와 전쟁을 했습니다.

다른 지파는 자기 땅을 차지하기 위해 싸웠습니다. 그러나 이들은 다른 지파를 위해, 하나님의 뜻을 위해 여호수아를 도왔습니다. 그 인원은 약 4만 명으로 볼 수 있습니다. 전쟁과 분배가 끝난 후 여호수아는 이들에게 극진히 잘해 주었습니다. 그들의 누림을 믿는 우리도 자신의 유익만 아니라 하나님의 약속인 예수 그리스도를 통해 구원을 입히시는 사역에 참여하고, 목회를 도우면 이와 같은 큰 은혜를 체험하게 될 것입니다. 복을 받는 데도 조건이 있습니다.

1. 하나님의 약속을 믿고 순종하는 길로 가도록 도와야 합니다.

"그들에게 이르되 여호와의 종 모세가 너희에게 명한 것을 너희가 다 지키며 또 내가 너희에게 명한 모든 일에 내 말을 너희가 청종하여 오늘날까지 날이 오래도록 너희가 너희 형제를 떠나지 아니하고 오직 너희 하니님 여호와의 명하신 그 책임을 지키도다"(22:2-3) 이들이 가나안과 싸우는 것은 하나님의 명령입니다. 그들은 전쟁 시에 개인적 감정이 개입되지 않았습니다. 인본운동을 하지 않고 하나님의 말씀에 의지했습니다. 주의 일이나 영적 전쟁을 할 때 자기의 이성이나 주관이 필요 없습니다.

이스라엘 초대 왕이었던 사울은 하나님의 명령으로 전쟁을 하다가 자신의 이성운동으로 돌아갔습니다. 멸하라고 한 것을 취하여 제사 드리겠다는 생각으로 하나님의 뜻을 벗어났습니다. 그러므로 왕의 자리에서 쫓겨났습니다. "다만 백성이 그 마땅히 멸할 것 중에서 가장 좋은 것으로 길갈에서 당신의 하나님 여호와께 제사하려고 양과 소를 취하였나이다 사무엘이 가로되 여호와께서 번제와 다른 제사를 그 목소리 순종하는 것을 좋아하심 같이 좋아하시겠나이까 순종이 제사보다 낫고 듣는 것이 수양의 기름보다 나으니 이는 거역하는 것은 사술의 죄와 같고 완고한 것은 사신 우상에게 절하는 죄와 같음이라 왕이 여호와의 말씀을 버렸으므로 여호와께서도 왕을 버려 왕이 되지 못하게 하셨나이다"(삼상15:21-23)

하나님의 뜻은 인간의 이성과 주관과 관계없이 존중되어야 하고 지켜져야 합니다. 두 지파 반 군사들의 순종은 여호수아와 함께 했기 때문에 이루어졌습니다. 가족을 뒤로하고 여러 지파를 도와주고 헌신했습니다. 오늘 같으면 나라를 지키기 위해 가정을 떠나 스스로 헌신하는 군인들의 모습과도 같습니다.

2. 모든 전쟁은 끝이 나고 보상이 있습니다.

"이제는 너희 하나님 여호와께서 이미 말씀하신 대로 너희 형제에게 안식을 주셨으니 그런즉 이제 너희는 여호와의 종 모세가 요단 저편에서 너희에게 준 소유지로 가서 너희의 장막으로 돌아가되"(22:4)

'이제는' 이란 말은 전쟁이 끝이 났다는 말씀입니다. 군대의 해산입니다. 하나님의 말씀대로 사는 것만 남았습니다. 이스라엘 전 지파가 안식을 얻었습니다. 그 때 군인으로 도운 두 지파 반도 자신의 집에 돌아가 안식을 얻게 되었습니다. 남에게 안식을 주는 도구가 되면 그도 역시 안식을 얻게 됩니다. 안식을 주는 도구가 되십시다. 그러면 안식을 얻을 수 있습니다. 사랑의 메아리는 사랑입니다. 겸손과 섬김은 평안을 얻습니다. 택한 백성에게 하나님이 맡기신 일, 즉 사명이 있습니다. 그것도 끝이 있습니다. 인생도 끝이 있습니다. 끝은 시작입니다. 전쟁의 끝은 집으로 돌아가 행복한 가정을 꾸미는 시작입니다.

요즘 많은 사람들이 어렵다고 합니다. 우리나라가 매우 불안하다고 합니다. 무엇이 어렵습니까? 신앙생활하기 어렵습니까? 아니면 경제 생활하기가 어렵습니까? 육신의 어려움은 하나님이 거룩하게 하시는 사건이 될 것입니다. 몸이 아프면 신앙이 올라가고 경제가 어려우면 타락하는 사람이 적어집니다. 자살이 많이 생기는 것은 인생이 무엇인지 알지 못하기 때문입니다. 가만히 있어도 끝은 옵니다. 예수 믿고 인내하는 것이 최고의 지혜입니다. 연단도 전쟁도 끝이 있습니다. 기도할 때 그 날을 위해 기도합시다. 그리고 상대의 안식을 위해 헌신합시다. 오늘날 성도를 위해 헌신하는 것이 두 지파와 반지파의 사역으로 볼 수 있습니다.

"크게 삼가 여호와의 종 모세가 너희에게 명한 명령과 율법을 행하여 너희 하나님 여호와를 사랑하고 그 모든 길로 행하며 그 계명을 지켜 그에게 친근히 하고 너희 마음을 다하며 성품을 다하여 그를 섬길지니라 하고"(22:5) 여호수아의 교훈도 달라졌습니다. 전쟁터에 갈 때는 용기를 잃지 말고 두려워 말라 했으나 지금은 너희 마음을 다하며 성품을 다하여 그를 섬기라는 계명을 지키라고 합니다.

3. 전쟁이 끝난 후에 좋은 평가를 받았습니다.

"여호수아가 그들을 장막으로 돌려보낼 때에 그들에게 축복하고 일러 가로되 너희는 많은 재산과 심히 많은 가축과 은, 금, 동, 철과 심히 많은 의복을 가지고 너희의 장막으로 돌아가서 너희의 대적에게서 탈취한 것을 너희의 형제와 나눌찌니라 하매 르우벤 자손과 갓 자손과 므낫세 반 지파가 가나안 땅 실로에서 이스라엘 자손을 떠나 여호와께서 모세로 명하신 대로 얻은 땅 곧 그 소유지 길르앗으로 가니라"(수22:7-9)

모세와 여호수아에게 기업을 받았습니다. 그들을 축복하고 많은 것을 가지고 가게 했습니다. 또한 가족과 이웃에게 선물할 수 있는 물건을 가지고 가라고 했습니다.

＊＊＊

사랑하는 성도 여러분! 지금 받은 복을 헤아려 보십시오. 혹시 어렵습니까? 죄의 결과로 생각되십니까? 하나님이 택한 백성 삼으심으로 회개시키는 과정이라면 그것은 지옥의 형벌을 면하게 하는 하나님의 사랑의 사건일 것입니다. 지금 십자가 군병 된 우리가 가진 것은 무엇입니까? 여호수아를 따라가 승리한 두 지파와 반지파 이상의 누림이 우리에게 있습니다. 우리에게는 예수님의 능력이 있습니다.

목마르기 전에 샘을 파고 늙기 전에 노년을 준비하는 것이 지혜입니다. 십자가 능력을 입고 돌아가 승리를 부르면서 누리며 살아가길 기원합니다. 과거의 삶을 후회 말고 함께 회개하고 내일의 영광을 위해 순종과 사랑으로 새롭게 되시길 주의 이름으로 축원합니다.

오해의 담을 넘어라

여호수아 22:10-12; 33-34

"그 일이 이스라엘 자손을 즐겁게 한지라
이스라엘 자손이 하나님을 찬송하고 르우벤 자손과 갓 자손의 거하는 땅에 가서
싸워 그것을 멸하자 하는 말을 다시 하지 아니하였더라
르우벤 자손과 갓 자손이 그 단을 엣이라 칭하였으니 우리 사이에 이 단은
여호와께서 하나님이 되시는 증거라 함이었더라"(22:33-34)

오해는 상대에 대한 정보가 부족함으로 오는 것입니다. 지금도 수많은 사람들이 이해와 오해를 하면서 살아갑니다. 사람이나 환경을 정확하게 보지 못하면 인식능력의 부족으로 오해하게 됩니다. 사람은 누구나 편견과 선입견과 고정관념 속에 살아가고 있기 때문에 환경을 분별할 수가 없을 때도 있습니다. 잘못된 가치관을 가진 사람은 색안경을 쓰고 세

상을 보는 것과 같기 때문에 상대와 환경을 정확히 볼 수 없습니다. 붉은 색안경으로 파란색을 보면 보라색으로 보입니다. 노란색안경으로 파란색을 보면 초록색으로 보입니다. 안경의 색깔에 따라 왜곡되어 보입니다. 이것이 오해입니다. 탐욕에 사로잡히면 자기중심적인 사람이 됩니다. 상대를 보는 것도 그 사람의 가치로 평가하는 것이 아니라 자기중심적으로 봄으로 오해하게 됩니다.

본문은 이스라엘 백성 중 두 지파 반의 사람들이 오해받는 현장을 보여 주고 있습니다. 이스라엘 백성이 가나안을 정복했습니다. 전쟁이 모두 끝난 후 당시의 지도자였던 여호수아는 전쟁 종결을 선언했습니다. 가나안으로 들어가는 일에 가장 헌신한 지파가 있었습니다. 르우벤, 갓, 므낫세 반지파입니다. 이들이 약 7년간을 이스라엘 백성을 위하여 헌신을 하고 자기 장막으로 돌아갈 때입니다. "이제는 너희 하나님 여호와께서 이미 말씀하신 대로 너희 형제에게 안식을 주셨으니 그런즉 이제 너희는 여호와의 종 모세가 요단 저편에서 너희에게 준 소유지로 가서 너희의 장막으로 돌아가되"(22:4) 집을 떠나 전쟁에 참석한 이들을 집으로 돌려보냅니다. 하나님의 뜻을 이룬 이들에게 큰 명예와 재물을 주었습니다. "일러 가로되 너희는 많은 재산과 심히 많은 가축과 은, 금, 동, 철과 심히 많은 의복을 가지고 너희의 장막으로 돌아가서 너희 대적에게서 탈취한 것을 너희 형제와 나눌지니라 하매"(22:8) 하나님은 수고한 사람들을 공수로 보내지 않습니다. 축복 받은 그들은 여호수아의 교훈을 가지고 가족들이 있는 곳으로 갔습니다. "크게 삼가 여호와의 종 모세가 너희에게 명한 명령과 율법을 행하여 너희 하나님 여호와를 사랑하고 그 모든 길로 행하며 그 계명을 지켜 그에게 친근히 하고 너희 마음을 다하며 성품을 다하여 그를 섬길지니라 하고"(22:5) 하나님 앞에 복 받은 이들의 삶은 마음과 뜻을 다하여 하나님을 섬기는 삶이라는 것을 듣고 돌아갔습니다.

큰 승리를 하고 장막으로 돌아가는 두 지파 반은 돌아가는 길 요단 언덕 가에 이르자 큰 단을 쌓았습니다. 이 소식이 이스라엘 자손들에게 들렸습니다. "이스라엘 자손이 들은즉 이르기를 르우벤 자손과 갓 자손과 므낫세 반 지파가 가나안 땅의 맨 앞편 요단 언덕 가 이스라엘 자손에게 속한 편에 단을 쌓았다 하는지라"(22:11) 이스라엘 백성들은 이 소식을 듣고 우상을 섬기기 위해 제단을 쌓는 줄로 오해를 했습니다.

1. 자신의 판단이 올바르지 않을 수 있습니다.

"이스라엘 자손이 이를 듣자 곧 이스라엘 자손의 온 회중이 실로에 모여서 그들과 싸우러 가려 하니라"(22:12) 르우벤과 갓, 므낫세 반 지파를 향한 분노가 매우 컸습니다. 그것은 자신의 생존과 관계가 있기 때문입니다. "여호와의 온 회중이 말하기를 너희가 어찌하여 이스라엘 하나님께 범죄하여 오늘날 여호와를 좇는 데서 떠나서 자기를 위하여 단을 쌓아 여호와를 거역하고자 하느냐 브올의 죄악으로 인하여 여호와의 회중에 재앙이 내렸으나 오늘날까지 우리가 그 죄에서 정결함을 얻지 못하였거늘 그 죄악이 우리에게 부족하여서 오늘날 너희가 돌이켜 여호와를 좇지 않고자 하느냐 너희가 오늘날 여호와를 배역하면 내일은 그가 이스라엘 온 회중에게 진노하시리라"(22:16-18) 이스라엘 백성은 하나님께서 소수의 범죄라도 전 민족에게 진노하심을 알기 때문입니다. 아이 성 전투에서 아간이 범죄함으로 전 이스라엘이 실패하는 것을 경험했기 때문입니다. 하나님이 정해준 단이 아닌 다른 곳에서 제사를 드리는 것을 하나님 앞에

패역으로 알았기 때문입니다. 다수의 이스라엘 백성이 오해하고 정죄하고 분노했습니다. 후손들에게 하나님의 살아 계심을 남기기 위해 기념하며 단을 세운 것을 제물 드리는 단으로 오해하고 두려워했습니다.

사랑하는 성도 여러분! 인간은 오해할 수도 있고 오해를 받을 수도 있습니다. 지금도 오해 받고 있는 분도 있을 수 있고 또 오해하여 선한 사람을 악하게, 악한 사람을 선하게 보는 사람도 있을 수 있습니다. 저도 오해를 많이 받았습니다. 교회가 어려울 때 하나님의 은혜가 있어서 노인학교를 시작했습니다. 그 무렵 교회 건축을 위해 상업대출 한 것이 잘못되어 예배당이 경매를 하게 되었습니다. 그 때 성도 중의 어떤 분은 노인들을 이용해서 지역 배경 삼으려 한다고 했습니다. 저는 순수한 마음으로 어르신들이 좋아서 한 것인데 상대는 그렇게 생각했습니다.

사랑에는 조건이 없어야 합니다. 사랑에 조건이 있으면 투자이지 사랑이 아닙니다. 사랑하면 사랑하는 그 자체에 행복감이 있어서 하는 것입니다. 때로는 예수 믿는 사람도 오해 받고, 오해 할 수 있습니다.

구약 성경에 한나라는 여인이 나옵니다. 한나는 마음이 괴로워 성전에서 기도를 했습니다. 아주 간절한 마음으로 기도함으로 입술만 동했습니다. 그 때 엘리 제사장은 한나가 술 취한 것으로 오해했습니다. "엘리가 그에게 이르되 네가 언제까지 취하여 있겠느냐 포도주를 끊으라"(삼상1:14) 제사장에게 오해를 받아서 "포도주를 끊으라"라는 말을 듣습니다. 한나는 오해를 받은 것입니다. 그러나 한나는 오해를 섬김으로 풀었습니다. "한나가 대답하여 가로되 나의 주여 그렇지 아니하니이다 나는 마음이 슬픈 여자라 포도주나 독주를 마신 것이 아니요 여호와 앞에 나의 심정을 통한 것뿐이오니"(삼상1:15)

신약시대에 바울도 오해를 받았습니다. 사울은 자신의 생을 드려 전.

도하며 주의 일을 했습니다. 그런데도 바울을 비난하고 오해하는 사람들이 있었습니다. '상황윤리자다, 기회주의자다, 이중인격 무원칙자다, 일관성이 없다' 라는 등의 소리로 바울을 괴롭혔습니다. 그 때 바울은 "내가 모든 사람에게 자유하였으나 스스로 모든 사람에게 종이 된 것은 더 많은 사람을 얻고자 함이라" 때로는 유대인과 같이, 때로는 율법주의자 같이, 때로는 비율법주의자, 약한 자 같이 하면서 그들의 문화를 인정하면서 전도했습니다. 그러나 바울의 깊은 내심을 모르고 보이는 것만 보고 오해해 버린 것입니다. 성숙되지 못한 사람일수록 상대의 형편을 생각지 않고 자신의 판단만 의지 합니다. 이스라엘 백성들도 요단 언덕에 단을 쌓았다는 소식을 듣고 "싸우러 가자" 라는 여론이 일어났습니다. 이스라엘 백성의 공동체에 위기가 온 것입니다. 만약 여호수아가 명령을 내렸다면 민족끼리 큰 전쟁이 일어나고 오해로 인한 큰 비극이 있었을 것입니다.

사랑하는 성도 여러분! 나도 오해할 수 있고 오해받을 수 있다는 것을 알아야 합니다. 기독교를 오해하고 교회를 오해하는 사람이 많이 있습니다. 그러나 오해를 극복하기 위한 노력이 있어야 합니다. 오해를 극복해야 합니다. 사람은 오해해도 하나님은 오해를 하시지 않습니다. 인내하고 기도합시다. 자신의 결백이 받아들이지 않아도 낙심할 것 없습니다. 하나님은 꼭 해결하십니다.

2. 오해를 해소하기 위하여 노력해야 합니다.

요단 강 언덕 가에 쌓은 단은 후손에게 하나님의 살아 계심을 보여 주기 위해서입니다. 이 단은 번제나 다른 제사나 화목제를 드리기 위한 곳도 아니라고 했습니다. 이스라엘의 열지파의 대표들이 르우벤과 갓 지파를 찾아가 그들의 마음과 단의 성질을 알게 되었습니다. 단을 쌓는 것이 범죄 행위라고 오해했던 그들의 오해가 풀렸습니다. "제사장 비느하스와 그와 함께 한 회중의 방백 곧 이스라엘 천만 인의 두령들이 르우벤 자손과 갓 자손과 므낫세 자손의 말을 듣고 좋게 여기지라"(22:30) 오해를 받을 때 상대의 말을 들어 줄줄 아는 배려가 있어야 합니다. 또한 오해하는 사람은 순수한 마음으로 접근을 해야 합니다. 이후에 이스라엘 백성들의 마음이 하나가 되었습니다. "그 일이 이스라엘 자손을 즐겁게 한지라 이스라엘 자손이 하나님을 찬송하고 르우벤 자손과 갓 자손의 거하는 땅에 가서 싸워 그것을 멸하자 하는 말을 다시 하지 아니하였더라 르우벤 자손과 갓 자손이 그 단을 엣이라 칭하였으니 우리 사이에 이 단은 여호와께서 하나님이 되시는 증거라 함이었더라"(22:33-34) 오해를 극복하는 길은 마음을 열고 대화하는 것입니다. 요단 언덕에 단을 쌓는 이들이 그 과정을 살펴보려고 온 이들에게 왜 우리 지파의 일을 참견하느냐 했다면 어떻게 되었겠습니까? 그러나 오해 받은 쪽에서 자신의 일들과 생각을 상세히 말하면서 오해할 일도 순수한 마음으로 들어 주었습니다. 그 결과 오해가 이해로 바꾸어졌습니다.

우리는 여기에서 교훈을 얻을 수 있습니다. 이스라엘 공동체가 잠시 혼란했던 것은 오해 받는 쪽이나 오해하는 쪽 모두가 문제가 있습니다. 제단을 쌓기 전에 당시 지도자인 여호수아와 상의를 하든지 보고가 있었다면 문제가 없었을 것입니다. 그러나 보고 없이 자기들의 순수성만 생각하고 행한 것이 문제였습니다. 가정이나 교회에서도 부모님이나 지도자와 상의가 잘 되면 오해 받지 않습니다. 자기만 깨끗하다고 하다보면 다른 사람에게 오해의 요소가 노출되기 쉽습니다. 오해하는 이들도 문제

입니다. 객관적인 정보를 가지고 분석, 판단해야 하는데 성급히 판단함으로 전쟁이 일어날 뻔했습니다. 오해에 대한 부정적인 방법과 긍정적인 방법이 있습니다. 믿는 사람은 긍정적 사고를 가져야합니다. 아무리 좋은 사람도 보는 시각에 따라 차이가 있을 수 있습니다. 사랑의 시선으로 보면 아름답습니다. 그러나 미움과 시기와 질투의 시선으로 보면 그 사람의 유명세만큼 잘못 볼 수 있습니다. 사랑의 마음으로 오해의 담을 넘기 위해 가슴을 열어야 합니다. 그리고 자신의 마음을 열어 대화를 해야 합니다.

예전에 시골 동리에 할머니 품에서 자라는 손자가 있었습니다. 어머니는 읍내에서 장사를 하고 살았습니다. 어머니가 할머니 집에 방문했을 때 손자가 홍시를 두개 가지고 들어왔습니다. 어머니에게는 깨끗하고 모양도 온전한 것을 주고 할머니에게는 그렇지 않은 것을 주었습니다. 그 모습을 본 할머니는 마음이 많이 상했습니다. '아무리 잘해 주어도 엄마를 더 생각하는구나' 하면서 서운해 있을 때 손자는 할머니에게 귓속말로 말했습니다. "할머니!, 엄마 것은 소똥에 떨어진 것이어서 깨끗이 씻은 것이야, 할머니 것이 더 좋은 것이야" 라고 하면서 오해를 풀어 주었습니다.

＊

사랑하는 성도 여러분! 사랑과 진실을 표현하지 않으면 때로는 오해를 받습니다. 사람은 상대의 진실을 알 때 감정이 변합니다. 진리를 듣고 사랑을 고백할 때 오해없이 할 수 있습니다. 기도하여 성령의 인도하심으로 참 행복을 경험하는 지혜자가 되길 주의 이름으로 축원합니다.

노년의 지혜

시작은 끝으로 가는 길
끝은 시작으로 가는 길

힘들고 어려운 일
휴식과 평안의 소중함
알게하는 스승되고

폭풍우 몰아치면
건물의 든든함 알게 되고
핍박과 바쁜 일 몰려들면
님 향한 사랑의 실력 알게 되리니
이래도 저래도 유익 뿐

아무도 원망하지 않고
그 무엇도 의식하지 않으니
남은 날 오직 님과 동행
사랑 노래 부르며
살아 갈 수밖에 없겠구나!

노년에 핀 꽃

4부

30 노년에 핀 꽃

"오직 너희 하나님 여호와를 친근히 하기를 오늘날까지 행한것 같이 하라
대저 여호와께서 강대한 나라들을 너희 앞에서 쫓아내셨으므로
오늘날까지 너희를 당한 자가 하나도 없었느니라 너희 중 한 사람이 천명을 쫓으리니
이는 너희 하나님 여호와 그가 너희에게 말씀하신 것 같이
너희를 위하여 싸우심이라"(23:8-10)

사람은 누구나 환경의 지배를 받습니다. 오염된 공기와 오염된 물이 있는 곳에 가면 자신이 원하든지 원하지 않든지 건강에 위협을 받게 됩니다. 사람이나 환경에는 나름대로 특성이 있습니다. 여호수아가 노년에 이스라엘 백성에게 준 교훈을 통해 우리의 짧은 삶을 더욱 아름답게 만들어 가길 바랍니다.

이스라엘 백성이 하나님께서 주신다고 약속한 땅을 차지했습니다. 하나님이 약속하신 복을 받는 과정이 매우 어렵고 힘들었습니다. 모세를 따르는 수고, 내일의 삶을 기대할 수 없는 광야의 삶과 요단강을 건너고, 여리고 성과 아이 성의 전투, 가나안 일곱 족속을 멸하는 수고를 했습니다. 이스라엘 백성들의 오해로 인한 갈등도 있었습니다.

이스라엘 백성이 가나안에 들어가 안식을 얻기까지 하나님의 손에 붙들려 일한 여호수아는 나이 많아 늙었습니다. 여호수아는 자신의 생이 얼마 남지 않는 것을 알게 되었습니다. 그는 이스라엘의 "장로들과 두령과 재판장, 유사들을 불러다가 그들에게 이르되 나는 나이 많아 늙었도다"(23:2)라고 말하며 죽음을 준비하였습니다. "우리의 연수가 칠십이요 강건하면 팔십이라도 그 연수의 자랑은 수고와 슬픔뿐이요 신속히 가니 우리가 날아가나이다 누가 주의 노의 능력을 알며 누가 주를 두려워하여야 할대로 주의 진노를 알리이까 우리에게 우리 날 계수함을 가르치사 지혜의 마음을 얻게 하소서"(시90:10-12)

택한 백성의 살아가는 방법을 말하고 있습니다. 여호수아는 이스라엘 백성의 역사입니다. 늙은이들을 업신여기는 것은 뿌리와 역사를 업신여기는 것입니다. 그러한 개인과 단체와 나라는 성공할 수 없습니다. 노년에는 삶의 지혜가 있습니다. 이스라엘 나라의 왕 중에 나라를 분열시킨 사람이 있습니다. 그는 좋은 조상을 두었습니다. 그러나 할아버지 다윗과 솔로몬을 잘 섬기는 노인들의 교훈을 무시하고 젊은이들의 생각을 따름으로 이스라엘이 둘로 나뉘어졌습니다. "르호보암 왕이 그 부친 솔로몬의 생전에 그 앞에 모셨던 노인들과 의논하여 가로되 너희는 어떻게 교도하여 이 백성에게 대답하게 하겠느뇨 대답하여 가로되 왕이 만일 오늘날 이 백성의 종이 되어 저희를 섬기고 좋은 말로 대답하여 이르시면 저희가 영영회 왕의 종이 되리이다 하나 왕이 노인의 교도하는 것을 버리고 그 앞에 모셔 있는 자기와 함께 자라난 소년들과 의논하여 가로되 너희는 어떻게 교도하여 이 백성에게 대답하게 하겠느뇨 백성이 내게 말하기를 왕의 부친이 우리에게 메운 멍에를 가볍게 하라 하였느니라"(왕상12:6-9)

하나님은 자기 사람들이 노년에 경험을 살려 교훈하기를 원하십니다. 또 지혜로운 사람은 노년에 귀한 교훈을 하게 됩니다.

1. 여호수아는 과거를 생각나게 하여 하나님의 본질을 알게 했습니다.

"너희 하나님 여호와께서 너희를 위하여 이 모든 나라에 행하신 일을 너희가 다 보았거니와 너희 하나님 여호와 그는 너희를 위하여 싸우신 자시니라"(23:3) 여호수아의 고별설교는 유언과 같은 말씀이기도 합니다. "여호와께서 너희를 위하여"라고 말하고 있습니다. 이스라엘 백성의 여정 속에 암탉이 병아리를 품듯이 품어 주심을 알게 하십니다. 홍해에서도 이스라엘 백성 앞에서는 물이 갈라졌습니다. "애굽 사람들과 바로의 말들, 병거들과 그 마병들이 다 그 뒤를 쫓아 바다 가운데로 들어오는지라 새벽에 여호와께서 불 구름기둥 가운데서 애굽 군대를 보시고 그 군대를 어지럽게 하시며 그 병거 바퀴를 벗겨서 달리기에 극난하게 하시니 애굽 사람들이 가로되 이스라엘 앞에서 우리가 도망하자 여호와가 그들을 위하여 싸워 애굽 사람들을 치는도다"(출14:23-25)

여호수아가 말하며 보았다는 말은 이상이나 미래가 아니라 과거의 사실을 말하고 있습니다. 오늘의 평안과 안식은 하나님의 능력이라는 것을 말씀하고 있습니다. 지금 머물고 있는 땅을 차지하는데도 전적으로 하나님의 능력이 있었다고 여호수아는 말하고 있습니다. 또 이스라엘이 차지하고 있는 땅의 분배는 제비를 뽑아 공평하게 이루어졌다는 것을 말하고 있습니다. "보라 내가 요단에서부터 해 지는 편 대해까지의 남아 있는 나라들과 이미 멸한 모든 나라를 내가 너희를 위하여 제비뽑아 너희 지파에게 기업이 되게 하였느니라"(23:4) 그뿐아니라 "너희 하나님 여호와 그가 너희 앞에서 그들을 쫓으사 너희 목전에서 떠나게 하시리니 너희 하나님 여호와께서 너희에게 말씀하신 대로 너희가 그 땅을 차지할 것이라"(23:5) 과거를 바르게 알게 될 때 현재에 시행착오가 적습니다. 나라도 노년에 있는 이들을 업신여기면 좋은 나라가 아닙니다. 기업도 나이 많은 사람을 한 번 퇴직시키면 어렵습니다. 하나님의 역사와 인생 경험이 많은 사람들의 교훈이 있는 곳에 안정과 평안이 있습니다. 우리교회가 창립 주간이 되면 개척 당시의 강단을 사용하여 설교를 하는 것도 그동안 성장시키신 하나님의 은혜를 기억하고자 하는 것입니다.

2. 하나님의 사랑을 받은 자의 올바른 삶을 말하고 있습니다.

애굽 사람들이 하나님을 대하는 것과 이스라엘 백성이 하나님을 대하는 방법에는 큰 차이가 있습니다. 여호수아는 여호와께서 이스라엘 백성에게 입히신 은혜를 상기시키면서 은혜 받는 자의 지켜야 될 법과 마음가짐을 가르치고 있습니다. "그러므로 너희는 크게 힘써 모세의 율법 책에 기록된 것을 다 지켜 행하라 그것을 떠나 좌로나 우로나 치우치지 말라"(23:6) 또 이방인들과 구별된 삶을 말하고 있습니다.

생각의 기준, 행동의 기준, 사랑의 기준이 필요합니다. 좌로나 우로나 치우치지 말라고 하셨습니다. "너희 중에 남아 있는 이 나라들 중에 가지 말라 그 신들의 이름을 부르지 말라 그것을 가리켜 맹세하지 말라 또 그 것을 섬겨서 그것에게 절하지 말라"(23:7) 다섯 가지 금지사항이 있습니다. '가지 말라, 부르지 말라, 맹세하지 말라, 우상 앞에 절하지 말라, 이 방인에 동화되지 말라' 라고 합니다. 잘못하면 우상 섬기게 됩니다.

"너희는 이 세대를 본받지 말고 오직 마음을 새롭게 함으로 변화를 받 아 하나님의 선하시고 기뻐하시고 온전하신 뜻이 무엇인지 분별하도록 하라"(롬12:2) 은혜 받은 자의 삶과 천국을 기업으로 얻은 자의 삶은 이 방인과 달라야 합니다. 섬김의 대상이 다르거나 교제의 대상이 다릅니 다. 택한 백성의 누림이 있음 같이 의무도 있습니다. 죽은 사람과 산 사람 과는 달라야 합니다. 호흡, 말, 생각, 행위, 영적인 상태가 다릅니다. "그 리스도를 위하여 너희에게 은혜를 주신 것은 다만 그를 믿을 뿐 아니라 또한 그를 위하여 고난도 받게 하심이라 너희에게도 같은 싸움이 있으니 너희가 내 안에서 본 바요 이제도 내 안에서 듣는 바니라"(빌1:29-30) 택 한 백성이 은혜를 받은 것같이 핍박도 받습니다.

많은 사람들이 우리교회를 건강한 교회라고 말합니다. 복지하는 교회 라고 말하기도 합니다. 이 말을 들을 수 있도록 순종하고 헌신한 이들이 있습니다. 특별히 은혜를 입었다고 생각되면 더 큰 헌신이 있어야 미래 가 아름다워질 것입니다. 어느 나라든지 하나님의 지혜, 노인의 지혜를 업신여기면 어려움이 있습니다. 과거 역사를 무시하면 역사 속에서 큰 과오를 범할 수가 있습니다. 과거 없는 현재 없고 현재 없는 미래 없다.

3. 하나님이 함께 할 백성의 능력을 말하고 있습니다.

"너희 중 한 사람이 천 명을 쫓으리니 이는 너희 하나님 여호와 그가 너희에게 말씀하신 것 같이 너희를 위하여 싸우심이라"(23:10) 여호수아는 노년에도 자신의 삶에 대한 자부심이 있습니다. "나를 본 받아라"고 말을 할 수 있다면 얼마나 행복하겠습니까? 하나님을 전적으로 의지하는 삶에 대한 결과를 볼 수 있는 위치가 되는 것이 큰 행복입니다. 여호수아는 이스라엘 백성의 역사요, 하나님의 역사의 산 증인입니다. 애굽의 생활을 말할 수 있는 사람은 여호수아와 갈렙 밖에 없습니다. 광야에서 애굽에서 나온 모든 사람들이 죽을 때도 믿음으로 살아남은 여호수아입니다.

택한 백성의 능력은 "한사람이 천명을 쫓으리니"라고 한 것을 보면 택자의 권세가 대단히 큰 것입니다. 택한 백성, 믿음으로 사는 사람의 한 명은 대적 일 천명을 이기는 능력이 있습니다. 우리 앞에 그 어떠한 어려운 일이 있어도 믿는 사람은 이기게 됩니다. 우리 교회 25년 역사를 보면 물 위를 걸어온 나날들입니다. 모두가 하나님이 하셨습니다. 천막교회에서 개척할 때 십자가를 뽑아서 부러뜨린 사람도 있었습니다. 가난과 핍박, 대적이 일어나도 극복했습니다. 매년 창립주간 때의 신학강좌는 잘못된 지식을 이기게 했습니다. 말씀을 바르게 깨달으면 분별력이 생깁니다.

＊＊＊

사랑하는 여러분! 지금 평안하십니까? 기독교 100년의 역사를 봅시다. 지금 우리의 삶과 헌신을 봅시다. 나라의 형편을 봅시다. 지도자가 흔들리고 경제가 가뭄 들고 노인들의 한숨이 깊어지고 있는 지금 정신을 차리고 하나님 섬기고 열심히 일하고 사랑 실천하여야 합니다. 하나님이 함께 한 것을 간증하고 여호수아처럼 후손에게 하나님 잘 섬기라는 것이 노년의 큰 권세입니다. 여러분과 저의 유언은 무엇이 될 것 같습니까? 노인이 되어서 노년을 생각하면 그 사람은 환경을 이길 수 없습니다. 노년이 오기 전에 노년을 생각하고 실패가 오기 전에 실패를 생각하고 준비를 해야 합니다. 노년에 있는 분들은 건강이 있을 때 부지런히 유언하세요. 후손이 믿음으로 사는 지혜를 가지도록 도와주어야 합니다. 또 젊음이 있을 때 모세를 도와 일한 여호수아처럼 믿음으로 살아야 합니다. 나이 들어 늙은 여호수아를 통해 핀 꽃은 이스라엘 자자손손이 큰 기쁨의 씨앗을 맺는 능력이 될 것입니다.

사랑하는 성도 여러분! 때가 늦기 전에 노년을 준비하는 지혜를 가지기를 바랍니다.

31 하나님 사랑하며 퇴보하지 말라

"그러므로 스스로 조심하여 너희 하나님 여호와를 사랑하라 너희가 만일 퇴보하여 너희 중에 빠져 남아 있는 이 민족들을 친근히 하여 더불어 혼인하며 피차 왕래하면 정녕히 알라 너희 하나님 여호와께서 이 민족들을 너희 목전에서 다시는 쫓아내지 아니하시리니 그들이 너희에게 올무가 되며 덫이 되며 너희 옆구리에 채찍이 되며 너희 눈에 가시가 되어서 너희가 필경은 너희 하나님 여호와께서 너희에게 주신 이 아름다운 땅에서 멸절하리라"(23:11-13)

오늘은 창립 25주년 감사예배로 드립니다. 하나님의 큰 사랑을 회고하는 날입니다. 한 사람이 태어나고 세상을 떠나든지, 한 교회가 세워지고 성장하는 것에는 전능하신 하나님의 특별하신 섭리와 개입이 있습니다. 이스라엘 역사에 개입한 하나님은 우리의 삶에도 개입하십니다. 하나님의 뜻은 사람이 이해할 수 없는 것이 많습니다. 그러나 역사를 통하여 이루어진 것을 보면 하나님의 사랑이라는 것을 알 수 있습니다.

야곱의 가족이 흉년을 만나 애굽으로 내려가고, 그곳에서 요셉을 통해 보호받고, 약 400년 후에 모세를 통해 나오는 것이 우연한 것 같지만 하나님의 특별한 계획 속에 이루어지는 것입니다. 홍해를 건넌 후 광야 40년의 연단은 가나안에서 거룩하게 살게 하시는 하나님의 사랑이 숨어 있었습니다. 하나님은 사랑이십니다. 인간을 연단하시고, 실패와 성공을 주시는 것도 사랑입니다. 때로는 탄식도 있고, 원망도 불평도 있을 수 있습니다. "왜 나에게 이런 불행한 일이 있습니까? 왜 나에게 이와 같은 사람을 만나게 하십니까?"라고도 할 수 있습니다. 그러나 그것은 더 성숙하게 하고 더 지혜롭게 하는 능력의 사건입니다.

지금도 부모님 사랑의 보호에서 가출하여 고통을 호소하는 자녀들이 있을 수 있습니다. 썩어 들어가는 팔을 절단해야 생명을 얻을 수 있는 것을 알지 못하고 절단을 거절하고 생명보존을 원한다면 분명 고통으로 밖에 남지 못할 것입니다.

오늘은 여호수아가 나이 들어 세상을 떠나게 될 때에 이스라엘 백성에게 하나님의 말씀을 전하고 있습니다.

1. 과거의 상황을 이스라엘 백성에게 알렸습니다.

"너희 하나님 여호와께서 너희를 위하여 이 모든 나라에 행하신 일을 너희가 다 보았거니와 너희 하나님 여호와 그는 너희를 위하여 싸우신 자시니라"(23:3)

요단부터 해지는 편 대해까지, 이스라엘 백성에게 주셨다고 했습니다. 현재의 안식과 누림은 전적으로 하나님의 은혜라고 했습니다. 여리고성의 승리, 아이성의 승리 등 이스라엘 백성은 빈손이었지만 은혜 주셔서 가나안을 차지하게 했습니다. 그 하나님이 우리 교회 25년 역사에 개입하셨습니다. 그 과정은 어려움도 있었지만 모든 것이 합력하여 선을 이루도록 하셨습니다. 육신의 연약은 하나님의 능력을 믿게 했습니다. 사람에 대한 실망은 하나님을 전적으로 의지하게 했습니다. 사람은 의지의 대상이 아니라 사랑의 대상입니다. 또한 어려운 환경은 좋은 것에 대한 많은 감사로 변하였습니다.

지난 과거의 고통은 다른 사람을 이해할 수 있는 능력이 되었습니다. 잘못을 책망함보다 잘못 자체가 그 사람의 보응인 것을 알게 했습니다. 불신앙 자체가 불행입니다. 핑계를 대고 예배를 빠지거나 소홀히 하는 것 자체가 손해입니다. 탕자의 아버지의 마음을 배우는 기간이 되었습니다. 지난날의 승리, 오늘의 누림은 모두가 하나님의 은혜입니다.

2. 은혜 받은 자의 바른 삶을 말하고 있습니다.

모세 율법에서 하나님과의 관계를 "너는 마음을 다하고 성품을 다하고 힘을 다하여 네 하나님 여호와를 사랑하라"(신6:5)고 명하고 있습니다.

"너희 중에 남아 있는 이 나라들 중에 가지 말라 그 신들의 이름을 부르지 말라 그것을 가리켜 맹세하지 말라 또 그것을 섬겨서 그것에게 절하지 말라 오직 너희 하나님 여호와를 친근히 하기를 오늘날까지 행한 것같이 하라" (23:7-8)

택한 백성이면 구별되게 살라고 했습니다. 은혜 받은 백성은 구별되게 말씀에 의지하면서 살아야 합니다. 성경 속에 혼인이나 이방인과의 관계를 맺고 살아온 왕들은 모두 하나님의 축복을 받지 못했습니다. 솔로몬은 많은 여자들로 인해 말년에 실패하고 자녀교육에 실패하여 르호보암같은 아들에게 나라를 물려주었습니다. 아합은 이세벨을 만남으로 바알 신을 협력하는 왕이 되었습니다. 3년 6개월 동안 이스라엘 땅에 흉년의 저주를 임하게 하는 자가 되었습니다.

3. 여호와의 계명을 순종할 때의 결과와 불순종할 때의 결과를 말하고 있습니다.

순종할 때는 "너희 중 한 사람이 천명을 쫓으리니 이는 너희 하나님 여호와 그가 너희에게 말씀하신 것같이 너희를 위하여 싸우심이라" (23:10)

"네가 네 하나님 여호와의 말씀을 삼가 듣고 내가 오늘날 네게 명하는 그 모든 명령을 지켜 행하면 네 하나님 여호와께서 너를 세계 모든 민족 위에 뛰어나게 하실 것이라 네가 네 하나님 여호와의 말씀을 순종하면 이 모든 복이 네게 임하며 네게 미치리니 성읍에서도 복을 받고 들에서도 복을 받을 것이며 네 몸의 소생과 네 토지의 소산과 네 짐승의 새끼와 우양의 새끼가 복을 받을 것이며 네 광주리와 떡반죽 그릇이 복을 받을 것이며 네가 들어와도 복을 받고 나가도 복을 받을 것이니라" (신28:1-6)

또 은혜 받은 백성에게는 퇴보하지 말라고 합니다. 퇴보는 하나님이 기뻐하지 않습니다. "신앙은 올라가고 사랑은 깊어가야 합니다. 퇴보하면 하나님은 징계하신다"고 말씀하셨습니다. "너희가 만일 퇴보하여 너희 중에 빠져 남아 있는 이 민족들을 친근히 하여 더불어 혼인하며 피차 왕래하면 정녕히 알라 너희 하나님 여호와께서 이 민족들을 너희 목전에서 다시는 쫓아내지 아니하시리니 그들이 너희에게 올무가 되며 덫이 되며 너희 옆구리에 채찍이 되며 너희 눈에 가시가 되어서 너희가 필경은

너희 하나님 여호와께서 너희에게 주신 이 아름다운 땅에서 멸절하리라"(23:12-13)

믿음 없고 우상 섬기는 자와 친근히 지내고 혼인하고 왕래하면 그들은 올무가 된다고 했습니다. 덫이 되며 옆구리에 채찍이 되고 눈에는 가시가 된다고 했습니다. 그 결국에는 멸절한다고 했습니다. 이것은 신앙인들이 세상을 대하는 태도를 말합니다.

복음의 능력으로 복 받은 이 민족이 혈육적으로 한 민족이라는 것을 내세워 햇볕만 비추고 무신론주의자들에게 다가가고 사랑하는 것은 매우 위험한 것입니다. 사람을 먼저 생각하는 이들이 한 권력자에 의해 고통당하는 것을 외면하고 관용만 부르짖는 것이 미래에 큰 올무가 될 것을 암시하는 부분이기도 합니다.

하나님은 행위에 대해서 분명히 보응하심을 이스라엘 백성에게 말씀하고 계십니다. "만일 너희가 너희 하나님 여호와께서 너희에게 명하신 언약을 범하고 가서 다른 신들을 섬겨 그에게 절하면 여호와의 진노가 너희에게 미치리니 너희에게 주신 아름다운 땅에서 너희가 속히 망하리라"(23:16) 이 말씀도 사랑입니다.

한 부모님이 있었습니다. 사랑하는 자녀에게 편지를 했습니다. "네가 열심히 공부하고 부모님이 원하는 일을 하면 잘해 주겠다"고 약속을 했습니다. 그러나 만약 "너의 마음대로 방황하면 도와주지 않겠다"고 한다면 여러분은 어떻게 생각합니까?

부모님의 교훈이 잘못되었습니까? 잘해주신다는 것은 승리를 믿고 그 율법을 지키도록 하게 하는 방법이요, 멸절을 말하는 것은 멸절하지 말고 계속 복 속에 살게 하기 위한 교훈입니다.

"여호와께서 또 가라사대 은혜의 때에 내가 네게 응답하였고 구원의 날에 내가 너를 도왔도다 내가 장차 너를 보호하여 너로 백성의 언약을 삼으며 나라를 일으켜 그들로 그 황무하였던 땅을 기업으로 상속케 하리라"(사49:8)

사랑하는 성도 여러분! 우리 교회는 개척하여 25년이 지나는 동안 매년 부흥했습니다. 지난날을 돌아볼 때 나름대로 최선을 다해서 순종했습니다. 온 가족이 협력하고 온 성도들이 함께 헌신해서 복지하는 교회가 되었습니다. 우리 교회를 부흥시켜 주시고 건강한 교회가 되게 하신 하나님께 영광을 돌립니다. 이제 남은 날들을 통해 상상을 초월한 부흥이 이루어질 것입니다. 온 성도가 하나님의 은혜 속에서 유익을 얻을 것입니다. 누가 뭐라 해도 하나님의 권능으로 하나님의 음성을 듣고 갈 것입니다.

＊＊＊

세속적인 사람들의 비판을 두려워하지 않고 순종하는 이들과 하나님의 뜻을 이루어갈 것입니다. 교회를 가정처럼 힘 있는 사람은 헌신하고, 약하고 모자란 사람은 보호받고, 관용과 용서, 보살핌이 있는 곳으로 주님의 가슴이 될 것입니다. 이제라도 개척자의 자세를 가지고 자신을 스스로 인정하고 세우고, 안주하지 않고 새로운 목회 패러다임을 만들어 하나님 나라 확장을 위해 헌신할 것입니다.

25주년을 지키신 하나님께 영광을 돌리고 참된 사랑 속에 곱게 피어나는 그리스도의 몸을 이루시도록 이 생명을 다 할 것입니다. 사랑하는 성도들 모두 '퇴보하지 말라'는 말씀을 따라 온전히 말씀 안에서 하나님을 사랑하고 사람을 행복하게 하는 귀한 성도들이 되시길 축원합니다.

올바른 선택을 하라

여호수아 24:14-18

> "그러므로 이제는 여호와를 경외하며 성실과 진정으로 그를 섬길 것이라
> 너희의 열조가 강 저편과 애굽에서 섬기던 신들을 제하여 버리고 여호와만 섬기라
> 만일 여호와를 섬기는 것이 너희에게 좋지 않게 보이거든
> 너희 열조가 강 저편에서 섬기던 신이든지 혹 너희의 거하는 땅 아모리 사람의 신이든지
> 너희 섬길 자를 오늘날 택하라 오직 나와 내 집은 여호와를 섬기겠노라"(24:14-15)

옛날 행복하다고 고백할 수밖에 없는 백성이 있었습니다. 수많은 백성 가운데서 하나님이 기억하시고 불러주신 이들입니다. 우상 섬기는 가정, 사망의 그늘 아래 있는 아브람을 불렀습니다. 그를 믿음의 조상 삼으시려고 본토 친척 아비 집을 떠나는 결단을 하라고 하셨습니다. "여호와께서 아브람에게 이르시되 너는 너의 본토 친척 아비 집을 떠나 내가 네

게 지시할 땅으로 가라 내가 너로 큰 민족을 이루고 네게 복을 주어 네 이름을 창대케 하리니 너는 복의 근원이 될찌라 너를 축복하는 자에게는 내가 복을 내리고 너를 저주하는 자에게는 내가 저주하리니 땅의 모든 족속이 너를 인하여 복을 얻을 것이니라 하신지라"(창12:1-3)

또 그의 후손이 여러가지 형편을 경험하면서 애굽에 내려가서 바로왕의 지배 아래 있었습니다. 처음에는 요셉을 인하여 대접받는 자가 되었으나 나중에는 시기 받아 중노동에 시달리며 신음을 했습니다. 하나님은 택한 백성의 고충을 돌아보시고 모세를 불러 능력을 입히셨습니다. 그리고 이스라엘 백성의 지도자로 세워서 애굽으로 보냈습니다. 모세는 하나님의 능력으로 강퍅한 애굽 왕을 열 가지 재앙을 통해 제압했습니다. 이스라엘 백성은 모세를 따라 홍해를 건너 광야로 나왔습니다. 광야에서도 하나님의 능력과 보호를 체험했습니다. 하나님은 택한 백성이 가나안에 들어가서도 잘못된 행위가 없도록 하기 위해 광야에서 철저한 훈련을 시켰습니다. 애굽의 가치관을 가진 이들을 광야에 묻고 애굽의 문화에 접하지 않는 젊은이들과 믿음의 사람 여호수아와 갈렙만 들어가게 했습니다.

모세도 가나안까지 들어가지 못하고 그의 시종 눈의 아들 여호수아를 이스라엘 지도자로 계승시켰습니다. 여호수아는 이스라엘 백성이 요단강을 건너서 가나안 땅을 차지하도록 했습니다. 이것은 하나님의 뜻이기 때문입니다. 여호수아는 신실한 여호와의 종입니다. 가나안 땅을 정복하고 열두 지파에게 공평하게 땅을 분배했습니다. 세월이 흘러 나이가 들었습니다. 열조가 간 죽음의 문턱에 서게 되었습니다.

여호수아는 이스라엘 백성의 지도층을 불러서 고별설교를 했습니다. 분주하여 잊어버리기 쉬운 하나님의 구원사역을 상기 시켰습니다. 가나안은 하나님이 주셨음으로 은혜 입은 자는 그분만 믿고 살아야 된다고 했습니다. 이방인들과 통혼을 하지 말라고 했습니다. 하나님을 배반하면 저주를 받는다는 경고를 아끼지 않았습니다. 말씀의 울타리를 벗어나지 말라고 했습니다. 하나님의 말씀을 어기면 앞에 놓인 올무와 덫을 피할 수 없다고 했습니다. 그러나 말씀 안에 있으면 그 어떤 환경도 다 이길 수 있다고 하셨습니다. 사랑하는 가슴으로 택한 백성에게 말씀하셨습니다.

가르침의 목적은 지키게 하는데 있습니다. 대부분의 사람들은 바른 줄 알면서도 그것을 선택하지 않고 환경과 사람의 눈치만 봅니다. 자신의 주관이 없고 머뭇거리는 사람은 큰 사람, 지도자나 복된 사람이 아닙니다. 그러므로 여호수아는 이스라엘 백성에게 복 주신 분 앞에서 바른 결단력을 가지도록 말씀하고 있습니다. "내가 또 너희의 수고하지 아니한 땅과 너희가 건축지 아니한 성읍을 너희에게 주었더니 너희가 그 가운데 거하며 너희가 또 자기의 심지 아니한 포도원과 감람원의 과실을 먹는다 하셨느니라 그러므로 이제는 여호와를 경외하며 성실과 진정으로 그를 섬길 것이라 너희의 열조가 강 저편과 애굽에서 섬기던 신들을 제하여 버리고 여호와만 섬기라"(24:13-14)

사랑하는 성도 여러분! 결혼한 사람이 처녀 때의 삶을 고집하면 어떻게 되겠습니까? 예수 믿는 사람이 믿지 않는 이들의 삶을 닮으면 어떻게 되겠습니까? 믿는 대상이 달라지고, 신랑을 만났으면 새로운 원칙으로 살아야합니다. 하나님은 여호수아를 통해 우리에게 말씀하고 계십니다. "만일 여호와를 섬기는 것이 너희에게 좋지 않게 보이거든 너희 열조가 강 저편에서 섬기던 신이든지 혹 너희의 거하는 땅 아모리 사람의 신이든지 너희 섬길 자를 오늘날 택하라 오직 나와 내 집은 여호와를 섬기겠노라"(24:15)

두 사이에 머뭇거리지 말고 그 중에 하나를 택하라고 했습니다.

1. 바른 선택은 행복의 시작입니다.

사람이 살아가노라면 선택해야 될 때가 있습니다. 배우자 선택, 사업 선택, 동역자 선택, 상담자 선택, 배움의 선택, 교회 선택, 이사갈 집 선택 등이 있습니다.

지난 주간에 새벽 특별 기도회를 하였습니다. 그 때 엘리멜렉의 잘못된 선택의 결과와 나오미의 바른 선택을 통해 큰 교훈을 받았습니다. "떡집"이라는 베들레헴에 살다가 흉년이 들게 되었을 때 신앙을 생각지 않고 모압으로 이사 간 후 남자들이 다 세상을 떠났습니다. 나오미는 남편과 자녀를 잃어 버렸지만 다시 하나님 믿는 동리로 돌아 왔습니다. 잃어버린 것을 뒤로하고 며느리 룻과 함께 베들레헴으로 왔습니다. 룻은 나오미와 하나님을 선택했습니다. "룻이 가로되 나로 어머니를 떠나며 어머니를 따르지 말고 돌아가라 강권하지 마옵소서 어머니께서 가시는 곳에 나도 가고 어머니께서 유숙하시는 곳에서 나도 유숙하겠나이다 어머니의 백성이 나의 백성이 되고 어머니의 하나님이 나의 하나님이 되시리니"(룻1:16)

바른 선택은 쓰디쓴 인생을 역전시킬 수 있습니다. 또 승리된 환경을 계속 유지할 수 있습니다.

2. 바른 선택은 하나님을 선택하는 것입니다.

사람은 누구나 신을 선택하게 됩니다. 중간은 없습니다. 하루의 삶에

밤과 낮이 있듯이, 이방인의 신과 하나님 중 어디에든 속해야 합니다. 여호수아는 말합니다. "너희 거하는 땅 아모리 사람의 신이든지 너희 섬길 자를 오늘날 택하라"(24:15) 하나님을 선택하는 것은 창조주의 능력 안에 있는 것입니다. 처음에는 어리석게 보이기도 합니다. 그러나 믿는 자의 가문을 보면 알 수 있습니다.

다니엘은 이방인의 문화 속에서도 하나님의 뜻대로 살기를 원했습니다. 하나님 앞에서 정결하게 살기를 원했습니다. "다니엘은 뜻을 정하여 왕의 진미와 그의 마시는 포도주로 자기를 더럽히지 아니하리라 하고 자기를 더럽히지 않게 하기를 환관장에게 구하니"(단1:8) 그 결과 하나님의 지혜를 입게 되었습니다.

사드락, 메삭, 아벳느고도 느부갓네살 왕이 금신상을 세우고 절하기를 원할 때 거절했습니다. 우상 섬기고 육신적 평안을 얻는 것보다 풀무불에 들어가기를 선택했습니다. "만일 그럴 것이면 왕이여 우리가 섬기는 우리 하나님이 우리를 극렬히 타는 풀무 가운데서 능히 건져 내시겠고 왕의 손에서도 건져내시리이다 그리 아니하실찌라도 왕이여 우리가 왕의 신들을 섬기지도 아니하고 왕의 세우신 금 신상에게 절하지도 아니할 줄을 아옵소서"(단3:17-18)

기독교 역사 속에서 바른 선택을 한 사람들이 있습니다. 주기철 목사님은 신사참배를 거절하고 옥살이하는 것을 선택했습니다. 이스라엘 백성도 여호수아 앞에서 신앙의 결단을 했습니다. "백성이 대답하여 가로되 여호와를 버리고 다른 신들 섬기는 일을 우리가 결단코 하지 아니하오리니 이는 우리 하나님 여호와 그가 우리와 우리 열조를 인도하여 애굽 땅 종 되었던 집에서 나오게 하시고 우리 목전에서 그 큰 이적들을 행하시고 우리가 행한 모든 길에서, 우리의 지난 모든 백성 중에서 우리를 보호하셨음이며 여호와께서 또 모든 백성 곧 이 땅에 거하던 아모리 사람을 우리 앞에서 쫓아내셨음이라 그러므로 우리도 여호와를 섬기리니 그는 우리 하나님이심이니이다"(24:16-18)

3. 하나님의 선택에는 영원한 누림이 있습니다.

믿음의 사람 여호수아는 "내 집은 여호와를 섬기겠노라"하며 선행의 본을 보였습니다. 그 때 온 백성은 결단했습니다. 또 여호수아는 일찌기 광야에서 여호와를 선택함으로 가나안에 들어 왔음을 알기 때문에 그의 행동은 항상 진지합니다. 하나님을 선택한 다니엘은 사자굴에서 살아 나왔습니다. 그리고 정권이 바뀌어도 계속 권력의 핵심에 있었습니다.

사드락, 메삭, 아벳느고도 풀무불에서 살아 나왔습니다. 순교자들은 아름다운 이름이 살아 있습니다. 당시의 부자보다는 순교자의 후손이 아름답게 살고 있습니다.

"네가 장차 받을 고난을 두려워 말라 볼찌어다 마귀가 장차 너희 가운데서 몇 사람을 옥에 던져 시험을 받게 하리니 너희가 십일 동안 환난을 받으리라 네가 죽도록 충성하라 그리하면 내가 생명의 면류관을 네게 주리라"(계2:10) 충성에는 누림이 있습니다.

✽✽✽

사랑하는 성도 여러분! 하나님은 좋으신 분입니다. 하나님을 택하면 실패된 인생이 승리된 인생으로 바꾸어집니다. 인생은 경기와 같습니다. 마음 놓을 수 없이 천국 가는 날까지 긴장하고 살아야 합니다. 야구 같으면 9회말까지 잘 가다가 긴장을 풀 때 홈런 한번 맞으면 집니다. 축구 같으면 끝나기 일분 전에 한 골 먹고 패하는 경우도 있습니다. 지금도 마귀는 우는 사자처럼 우리들에게 달려옵니다. 예수 믿기로 뜻을 정한 지금 흔들림 없이 주님과 동행하고 승리하시길 축원합니다.

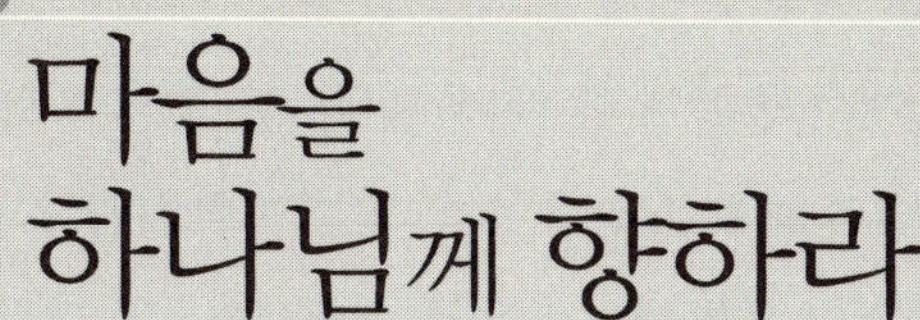

마음을 하나님께 향하라

> "여호수아가 가로되 그러면 이제 너희 중에 있는 이방신들을 제하여 버리고
> 너희 마음을 이스라엘의 하나님 여호와께로 향하라
> 백성이 여호수아에게 말하되
> 우리 하나님 여호와를 우리가 섬기고
> 그 목소리를 우리가 청종하리이다 한지라"(24:23-24)

한해를 마지막 보내는 이 때 열두 달의 두툼한 카렌다가 외롭게 한 장 만 남아 있습니다. 인생으로 말하면 여호수아가 고별 설교를 할 때쯤 되었습니다. 한 해 중에 12월은 기쁨이 있는 달입니다. 성탄도 있고 한해 를 준비하는 제직 수련회, 부서장 임명과 예산과 결산이 있는 때입니다. 새로운 한 해를 기대하며 내세의 영광을 믿으므로 기대와 설레임으로 다

음 해를 준비하는 달이기도 합니다.

노년의 여호수아는 떠날 준비를 하고 있습니다. 여호수아는 이스라엘의 역사입니다. 애굽에서 종살이 할 때의 이야기를 할 수 있는 사람이요, 광야의 고난과 하나님의 보호를 간증할 수 있는 사람입니다. 여리고성의 승리와 아이성 전쟁의 실패를 제일 잘 아는 사람입니다. 그뿐 아니라 가나안 땅을 정복한 것도 알고 설명할 수 있는 지도자입니다. 또 교훈 할 수 있는 권위도 있는 하나님의 사람입니다. "내가 또 너희의 수고하지 아니한 땅과 너희가 건축지 아니한 성읍을 너희에게 주었더니 너희가 그 가운데 거하며 너희가 또 자기의 심지 아니한 포도원과 감람원의 과실을 먹는다 하셨느니라"(24:13)

현재 누리는 것이 자신의 공로가 아니라 하나님의 은혜로 받은 것을 알기 때문에 하나님만 의지해야 한다고 했습니다. 하나님을 섬기는 방법은 "신령과 진정으로 그를 섬길 것이라"고 했습니다. 하나님께든지 사람에게든지 상대에 걸맞는 대화를 하고 섬겨야 합니다. "강 저편과 애굽에서 섬기던 신들을 제하여 버리고 여호와만 섬기라"고 했습니다. 그리고 "내 집은 여호와를 섬기겠노라"고 했습니다. 여호수아의 말을 들은 백성들도 여호와만 섬기겠다고 했습니다.

이스라엘 백성들은 여호수아의 교훈을 통해 자신들의 모습을 보았습니다. "지난 모든 백성 중에서 우리를 보호하셨음이며, 아모리 사람을 우리 앞에서 쫓아 내셨음이라"고 했습니다. 사람이 자신을 아는 것이 매우 중요합니다. 선과 변화의 기초는 바른 지식입니다. 바르게 깨닫는 것입니다. 어릴 때의 보호를 깨달을 때 노년의 부모가 귀하게 보입니다. 가난했던 과거를 알 때 현재의 생활에 감사할 수 있습니다. 평신도 때의 작은 모습을 알고 양육과 보호를 알 때 교만할 수 없습니다. 과거 하나님의 보호를 잊어버리면 현재 하나님의 뜻을 저버릴 수밖에 없습니다. 여호수아는 자기가 떠난 후에도 택한 백성이 하나님의 은혜를 잊지 말도록 교훈하고 있습니다.

1. 여호수아는 거룩하신 하나님을 말하고 있습니다.

"여호수아가 백성에게 이르되 너희가 여호와를 능히 섬기지 못할 것은 그는 거룩하신 하나님이시요 질투하는 하나님이시니 너희 허물과 죄를 사하지 아니하실 것임이라" (24:19)

여호수아는 하나님이 거룩하시다고 했습니다. 거룩한 분은 거룩해야 함께 통할 수 있습니다. 쇠는 쇠와 하나 될 수 있고 나무는 나무와 결합이 가능합니다. 기름은 기름과 결합하고 물은 물과 하나 될 수 있습니다. 인생이 하나님과 동행하려면 거룩해야 합니다. "하나님의 말씀과 기도로 거룩하여 짐이니라" (딤전4:5)

예수님의 십자가 보혈의 능력이 있을 때 거룩하여 집니다. 하나님은 우리에게 거룩한 길을 열어 놓았습니다. 타락했지만 택한 백성을 향해 "여호와께서 말씀하시되 오라 우리가 서로 변론하자 너희 죄가 주홍 같을찌라도 눈과 같이 희어질 것이요 진홍 같이 붉을찌라도 양털 같이 되리라 너희가 즐겨 순종하면 땅의 아름다운 소산을 먹을 것이요 너희가 거절하여 배반하면 칼에 삼키우리라 여호와의 입의 말씀이니라" (사1:18-20)

또 예배드릴 때도 하나님이 원하시는 예배를 드려야 합니다. "아버지께 참으로 예배하는 자들은 신령과 진정으로 예배할 때가 오나니 곧 이 때라 아버지께서는 이렇게 자기에게 예배하는 자들을 찾으시느니라 하나님은 영이시니 예배하는 자가 신령과 진정으로 예배할지니라" (요4:23-24)

그러므로 하나님 안에서 살려면 회개하여 거룩하게 되어야 합니다. 죄가 있으면 하나님과 단절되고 성령이 역사하시지 않습니다. 행복을 원하십니까? 행복의 주인인 하나님과 함께 하십시오. 하나님과 함께 하시길 원하십니까? 거룩한 사람이 되십시오. "그러므로 너희가 회개하고 돌이켜 너희 죄 없이함을 받으라 이같이 하면 유쾌하게 되는 날이 주 앞으로부터 이를 것이요"(행3:19)

회개는 성령의 열매를 받는 시작입니다. 추한 삶을 버리고 거룩하여 하나님께 복 받기를 원하면서 여호수아는 말씀했고 백성은 들었습니다.

2. 여호수아는 질투하시는 하나님을 말하고 있습니다.

질투하시는 하나님이라고 했습니다. 질투는 시샘, 투기입니다. 하나님은 인간을 창조하셨습니다. 그리고 피조된 사람이 하나님께 영광 돌리기를 원하십니다. 그러나 복 받는 사람이라도 하나님의 의도를 모르고 하나님을 떠나 다른 신을 따를 때가 있습니다. 그때 하나님은 그 사람이나 백성에게 징계하십니다. "너희 허물과 죄를 사하지 아니하실 것임이라" 용서하지 않으신다고 하셨습니다. 십계명 중 제일 계명이 "너는 나 외에 다른 신들을 네게 있게 말지니라" 했습니다. 하나님이 제일 싫어하는 것이 우상을 섬기는 것입니다.

신약에 와서 예수님은 신랑으로 표현되고 성도는 신부를 말합니다. 다시 말하면 '나의 신부야, 다른 남자를 두지 말라'는 것입니다. 부부가 만나서 제일 먼저 요구하는 것이 무엇이겠습니까? "나 외에 다른 여자를 사랑하시지 마세요. 나 외에 다른 남자를 두지 마세요" 이것이 부부의 제일 계명이 될 것입니다. 만약 남편이 사랑하는 아내가 다른 것을 자신 보다 더 좋아 한다면 그는 아내가 자신에게 돌아 올 수 있도록 하기 위해 노력할 것입니다.

제일 무서운 것이 질투입니다. "만일 너희가 여호와를 버리고 이방 신들을 섬기면 너희에게 복을 내리신 후에라도 돌이켜 너희에게 화를 내리시고 너희를 멸하시리라"(24:20) 복을 내리신 후에라도 "돌이켜 너희에게 화를 내리시고 너희를 멸하시리라"고 했습니다.

가인이 아벨을 죽인 사건도 시샘 때문입니다. 사람의 질투도 무서운데 창조주 하나님, 생사를 주장하시는 하나님의 질투가 있다면 영육이 어떻게 되겠습니까? 하나님이 복 주시는 것을 사람이 막을 수 없습니다. 하나님이 보호하시지 않으면 보호 받을 수 없습니다.

이방 신은 무엇입니까? "저희의 마침은 멸망이요 저희의 신은 배요 그 영광은 저희의 부끄러움에 있고 땅의 일을 생각하는 자라"(빌3:19) 하나님보다 더 사랑하는 것이 우상입니다. 하나님보다 더 섬기는 것이 있다면 하나님의 복을 받을 수가 없습니다. 여호수아는 하나님의 속성을 택한 백성에게 알려 주셨습니다. 택한 백성이 가나안 땅에서 행복하게 살지만 그곳에서 우상을 섬기면 저주의 자리가 될 수 있음을 알게 합니다.

사랑하는 성도 여러분! 하나님께 기도하고 복을 많이 받았습니까? 지금 더 조심하고 하나님의 말씀대로 살아야 될 때입니다. 언제 사단이 우리를 공격할지 알 수 없습니다. 하나님의 일을 먼저 생각해야 거룩하게 살 수 있습니다.

3. 지혜로운 백성의 선택과 결단이 있습니다.

"백성이 여호수아에게 말하되 아니니이다 우리가 정녕 여호와를 섬기겠나이다 여호수아가 백성에게 이르되 너희가 여호와를 택하고 그를 섬기리라 하였으니 스스로 증인이 되었느니라 그들이 가로되 우리가 증인이 되었나이다 여호수아가 가로되 그러면 이제 너희 중에 있는 이방신들을 제하여 버리고 너희 마음을 이스라엘의 하나님 여호와께로 향하라 백성이 여호수아에게 말하되 우리 하나님 여호와를 우리가 섬기고 그 목소리를 우리가 청종하리이다 한지라 그 날에 여호수아가 세겜에서 백성으로 더불어 언약을 세우고 그들을 위하여 율례와 법도를 베풀었더라"
(24:21-25)

"정녕 여호와를 섬기겠나이다, 증인이 되었나이다, 여호와를 섬기고 그 목소리를 청종하리이다" 하였습니다. 하나님의 말씀에는 "예"만 있습니다. 그리고 "너희 마음을 이스라엘의 하나님 여호와께로 향하라" 하는 말씀에 순종하는 것입니다.

지혜롭게 살기를 원하십니까? 행복하시기를 원하십니까? 영육의 형통을 체험하고 유쾌한 내일이 오기를 원하십니까? 저도 원하고 있습니다. 그러나 하나님의 뜻을 생각하는 것보다 먼저 사람의 생각을 할 때가 있습니다. 날마다 성경을 묵상하고 기도하지 않으면 세상의 가치관이 자신을 사로잡게 됩니다.

✳✳✳

사랑하는 성도 여러분! 여러분이 다니엘의 아내나 친구가 되었다고 생각해 봅시다. 악법이 만들어져 다니엘의 기도하는 것이 발각되면 사자굴에 집어넣는다고 합니다. 그러나 다니엘은 옛날의 하던 대로 예루살렘을 향한 창을 열어 놓고 기도한다면 여러분은 어떻게 하겠습니까? 다니엘을 보호하려고 기도를 중단시키든지 아니면 아무도 보지 못하도록 창을 닫아 놓을 것입니다. 하나님의 뜻을 알지 못하는 사람은 상대를 넘어지게 하고 하나님의 일을 망쳐 버립니다. 어떤 이들은 이 사람을 보호의 사람이라고 말할 것입니다. 다니엘의 기도를 중단시키거나 보이지 않도록 하는 것이 진정 보호가 되겠습니까? 참된 보호는 사람과 환경에서의 보호가 아니라 하나님의 뜻대로 할 수 있도록 하는 것입니다. 여호수아의 "나와 내 집은 하나님을 섬기겠노라"고 한 것은 선택과 결단의 본을 보여주는 것입니다. 보여주는 신앙이 수준 높습니다.

여호수아는 죽기 전까지도 이스라엘 백성을 보호하기 원했습니다. 보호 받는 길은 오직 여호와와의 관계를 유지하는 것을 알려주고 있습니다. 이 악한 세대에서 살아 날 수 있는 길은 하나님 앞에 있는 것입니다. 성경을 올바르게 깨달아야 합니다. 바른 지식이 있어야 합니다. 회개하고 성령 충만을 받아야 합니다. 광야 같은 세상 보지 말고 광야에서 만나를 내리신 하나님을 보고 보호의 은총을 체험하고 행복하시길 바랍니다. 하나님은 우리 편입니다. 잃어버린 과거에 메이지 말고 현재 있는 것을 가지고 순종해서 영원한 행복을 누리시길 바랍니다. 할렐루야!

34 영광된 삶과 죽음

> "이 일 후에 여호와의 종 눈의 아들 여호수아가 일백십 세에 죽으매
> 무리가 그를 그의 기업의 경내 딤낫 세라에 장사하였으니
> 딤낫 세라는 에브라임 산지 가아스산 북이었더라
> 이스라엘이 여호수아의 사는 날 동안과 여호수아 뒤에 생존한 장로들 곧
> 여호와께서 이스라엘을 위하여 행하신 모든 일을 아는 자의 사는 날 동안
> 여호와를 섬겼더라"(24:29-31)

수없이 많은 사람들이 이 땅을 살다가 갔습니다. 그들 중에는 잘 살고 간 사람이 있고 잘못 살고 간 사람이 있습니다. 하나님의 사람으로 살다가 천국 간 사람이 있습니다. 또 사랑의 사람으로 좋은 이름을 남기고 간 사람도 있습니다. 그리고 마귀의 사람으로 악한 일 하다가 지옥간 사람도 있습니다. 지금도 죽어가면서 사는 사람이 있고 살아가면서 죽어가

는 사람이 있습니다. 육신적으로 사는 사람은 죽어갑니다. 그러나 영혼 구원 받은 사람은 날마다 새롭게 살아갑니다. "그러므로 우리가 낙심하지 아니하노니 겉사람은 후패하나 우리의 속은 날로 새롭도다"(고후 4:16)

본문에 나타난 여호수아의 삶과 죽음이 우리에게 주는 교훈이 있습니다. 여호수아는 일백 십세에 죽었습니다. 여호수아의 생애를 살펴보면 매우 다양합니다. 출애굽기 17:8-16에서 여호수아는 아말렉과의 전투에서 이스라엘의 지휘관으로 나옵니다. 모세가 산꼭대기에 올라가서 기도하고 여호수아는 백성을 선택하여 아말렉과 싸우게 됩니다.

또 가나안 정탐꾼으로 열두 명 중에 한 사람이었습니다. 열 명은 부정적인 소리를 해서 백성을 슬프게 했으나 여호수아는 하나님의 마음과 눈으로 환경을 보고 말했습니다. 백성들의 마음에 평안을 주었고 가나안을 향한 소망을 주었습니다. "이스라엘 자손의 온 회중에 일러 가로되 우리가 두루 다니며 탐지한 땅은 심히 아름다운 땅이라 여호와께서 우리를 기뻐하시면 우리를 그 땅으로 인도하여 들이시고 그 땅을 우리에게 주시리라 이는 과연 젖과 꿀이 흐르는 땅이니라 오직 여호와를 거역하지 말라 또 그 땅 백성을 두려워하지 말라 그들은 우리 밥이라 그들의 보호자는 그들에게서 떠났고 여호와는 우리와 함께 하시느니라 그들을 두려워 말라 하나"(민14:7-9)

또 모세가 살았을 때 하나님으로부터 모세의 후계자로 안수 받았습니다. "모세가 여호와께서 자기에게 명하신 대로 하여 여호수아를 데려다가 제사장 엘르아살과 온 회중 앞에 세우고 그에게 안수하여 위탁하되 여호와께서 자기에게 명하신 대로 하였더라"(민27:22-23)

그리하여 모세가 죽은 후 이스라엘의 지도자가 되었습니다. "여호와의 종 모세가 죽은 후에 여호와께서 모세의 시종 눈의 아들 여호수아에게 일러 가라사대 내 종 모세가 죽었으니 이제 너는 이 모든 백성으로 더불어 일어나 이 요단을 건너 내가 그들 곧 이스라엘 자손에게 주는 땅으로 가라"(1:1-2)

그리고 요단강 건너서 이스라엘 백성에게 가나안 땅을 기업으로 얻도록 했습니다. 여리고 성의 함락, 아이 성 함락, 이스라엘과 가나안 연합군의 전쟁에서 위대한 기도를 하기도 했습니다. "여호와께서 아모리 사람을 이스라엘 자손에게 붙이시던 날에 여호수아가 여호와께 고하되 이스라엘 목전에서 가로되 태양아 너는 기브온 위에 머무르라 달아 너도 아얄론 골짜기에 그리할찌어다 하매 태양이 머물고 달이 그치기를 백성이 그 대적에게 원수를 갚도록 하였느니라 야살의 책에 기록되기를 태양이 중천에 머물러서 거의 종일토록 속히 내려가지 아니하였다 하지 아니하였느냐"(10:12-13)

전쟁에 승리함으로 가나안 땅을 차지했습니다. 그때도 여호수아는 이스라엘 백성 앞에 제비 뽑아 땅을 분배했습니다. 제비를 뽑은 것은 자신의 주관대로 되기를 원치 않는 하나님 중심의 분배입니다. 그 후 이스라엘 백성은 가나안에서 행복하게 살았습니다. 여호수아가 나이 많아 하나님께 가기 전에 많은 교훈을 했습니다. 이스라엘의 지도자들을 모아 하나님의 은혜를 알라고 했습니다. 다른 신을 섬기지 말라, 이방인과 혼인하지 말라, 하나님의 은혜를 잊어버리지 말라, 하나님이 함께 하면 한 사람이 천명을 쫓을 수 있다고 했습니다. 하나님 앞에 뜻을 정하지 못하는 이들에게 하나님을 선택하라고 했습니다. 또 여호수아는 '나와 내 집은 여호와를 섬기겠다'고 함으로 선택과 결단의 본을 보여주었습니다. 여호수아의 교훈을 받은 이스라엘은 마음이 하나가 되었습니다. "백성이

대답하여 가로되 여호와를 버리고 다른 신들 섬기는 일을 우리가 결단코
하지 아니하오리니"(24:16)

여호수아는 백성의 결단에 대해 하나님 편에서 반응했습니다. 오늘날
같으면 선을 행하는 사람에게 주 예수 그리스도의 이름으로 복을 비는
행위와 같습니다. 율례와 법도는 하나님의 뜻을 이루는 행위입니다. 여
호수아가 세상을 떠나기 전에 남긴 것을 통해 은혜 받고자 합니다.

1. 하나님이 일하시는 모든 것을 기록으로 남겼습니다.

"모든 말씀을 하나님의 율법책에 기록하고"라고 했습니다. 허준이 의
학계에 큰 유익을 주는 동의보감을 남긴 것이 사람을 행복하게 한 것처
럼 역사에 대한 기록을 남기는 것은 매우 귀한 것입니다. 여호수아는 이
스라엘 백성들과 함께 하시는 하나님, 순종할 때 받는 복과 불순종 할 때
당하는 어려움을 기록한 것은 매우 아름다운 것입니다. 임종 직전까지
후손에게 무엇인가를 남기고자 하는 여호수아의 열정은 매우 귀하고 아
름다운 것입니다.

사랑하는 여러분! 여러분은 지금 무엇을 남기고 있습니까? 하나님을
믿는 믿음으로 복 받는 길을 후손에게 보여 주는 일을 하십니까? 아니면
아무 생각 없이 지내고 있지는 않습니까? 여호수아는 백성들의 마음에 하
나님 사랑을 심었습니다. 율례와 법도를 베풀었습니다. 그리고 아름다운
것을 기록으로 남겼습니다. 그렇지 않으면 입산처럼 부끄러운 업적만 남
기겠습니까? "그의 뒤에는 베들레헴 입산이 이스라엘의 사사이었더라 그
가 아들 삼십과 딸 삼십을 두었더니 딸들은 타국으로 시집 보내었고 아들
들을 위하여는 타국에서 여자 삼십을 데려왔더라 그가 이스라엘 사사가

된 지 칠 년이라 입산이 죽으매 베들레헴에 장사되었더라"(삿12:8-10)

2. 백성이 하나님의 역사를 기억하도록 돌비석을 세웠습니다.

"모든 백성에게 이르되 보라 이 돌이 우리에게 증거가 되리니 이는 여호와께서 우리에게 하신 모든 말씀을 이 돌이 들었음이라 그런즉 너희로 너희 하나님을 배반치 않게 하도록 이 돌이 증거가 되리라 하고"(24:27) 이스라엘 백성들이 이 돌을 보면 하나님의 역사를 알도록 했습니다. 우리는 하나님의 영광을 위해 무엇을 세웠습니까? 여호수아는 이스라엘 백성이 하나님을 배반하지 않도록 돌비석을 세웠습니다. 오늘날에는 하나님 중심의 교회 교육을 위해 환경을 만들어 가는 교회가 필요합니다. 여호수아는 하나님의 역사를 기록하고 눈에 보이는 기념물을 세워서라도 후손에게 알게 했습니다.

역사는 민족과 국가에만 해당되는 것은 아닙니다. 교회와 가정과 개인에게도 역사가 있습니다. 인류의 역사에 수없이 많은 것들이 세워지고 없어졌습니다. 여호수아는 개인과 민족의 역사를 세워감에 있어서 결코 후회 없는 시간들을 보내고 있습니다. 여호수아의 삶의 목표는 가나안이었습니다. 민족의 숙원은 애굽을 벗어나는 것입니다. 그들은 가나안에 정착되었습니다. 역사는 다수에 의해 이루어지기보다는 믿음의 사람을 통해 이루어집니다. 이러한 일은 교회사에서도 나타납니다. 바울 한 사람의 헌신으로 로마가 복음화 되었습니다.

하나님 말씀에 대한 위클리프의 열정이 성경을 대중화시켰습니다. 루터의 교회개혁이 많은 사람에게 바른 진리를 알게 했습니다. 역사 속에 진리를 품고 나아가는 사람이 있으면 세상은 아름다워집니다.

"믿음이 없이는 기쁘시게 못하나니 하나님께 나아가는 자는 반드시 그가 계신 것과 또한 그가 자기를 찾는 자들에게 상주시는 이심을 믿어야 할찌니라"(히11:6)

3. 여호수아는 세상을 떠났습니다.

"이 일 후에 여호와의 종 눈의 아들 여호수아가 일백십 세에 죽으매"(24:29) 사람은 다 죽습니다. 백년 이상 사는 분은 별로 없습니다. 믿음으로 세상을 변화시키고 백성을 행복하게 했던 여호수아가 죽었습니다. 모든 사람은 다 죽습니다. 자신이 이 땅에 영원히 사는 것처럼 전토에 전토를 더하고 가옥에 가옥을 더하면서 생각 없이 사는 사람은 불쌍합니다. 내일은 내 날이 아닌데 내 날로 착각하고 살아갑니다. 인간은 끝없이 욕심을 가지고 살아갑니다. 여호수아는 자신의 공로에 비하면 정말 작은 딤낫 세라에서 한 평생을 마감하게 됩니다. 우리는 큰일을 성취하고도 작은 것을 소유하는 것을 예수 그리스도에게 배워야 합니다.

우리는 주님을 만날 종말론적 신앙을 가져야 지혜롭게 살 수 있습니다. 성도라면 죽음을 아름답게 맞이해야 합니다. 죽음이 아름다워야 합니다. 한 사람이 죽으면 그 사람의 삶을 엿볼 수 있습니다.

오늘 여호수아가 죽은 후 장로들의 모습 속에 여호수아의 삶이 베어져 있습니다. "이스라엘이 여호수아의 사는 날 동안과 여호수아 뒤에 생존한 장로들 곧 여호와께서 이스라엘을 위하여 행하신 모든 일을 아는 자의 사는 날 동안 여호와를 섬겼더라"(24:31) 좋은 지도자는 죽은 후에라도 그 정신이 후손들에게 살아있습니다. 좋은 후손은 선한 전통을 이어받고 하나님 중심의 삶으로 아름답게 살아갑니다.

✳ ✳ ✳

사랑하는 성도 여러분! 가정이 행복하기를 원합니까? 부모님이 하신 말씀을 귀를 기울이십시오. 교회가 거룩하게 되기를 원합니까? 성경말씀에 귀를 기울여야 합니다. 또 우리 대한민국이 잘 되기를 원합니까? 교회가 부흥할 때 우리나라가 복 받았던 것을 기억하면서 다시 영적으로 바로 서는 운동을 할 때 우리나라는 거룩해지고 영적으로 잘 될 것입니다. 여러분이 행복하기를 원하시면 행복의 주인이신 하나님과 동행하십시오. 우리를 행복하게 하는 분은 오직 하나님입니다. 또한 하나님의 사랑을 가진 자 만이 남을 사랑할 수 있고 남을 따뜻하게 대할 수 있습니다.

여호수아가 이렇게 위대하게 된 것은 여호수아 개인의 능력이 아니라 하나님과 동행하였기 때문입니다. 아름다운 삶과 아름다운 죽음은 하나님과 동행할 때에만 가능합니다. 여호수아와 같이 일생 하나님과 동행하며 아름다운 신앙의 역사를 만들어 가시기를 축원합니다.